기록하면 이루어진다

기록자:
_____

THE THINK AND GROW RICH JOURNAL

Original Edition Copyright © 2022 by D-Strategy, LLC
All rights reserved
including the right of reproduction in whole or in part in any form.
This edition published by arrangement with TarcherPerigee,
an imprint of Penguin Publishing Group, a division of Penguin Random House LLC.

Korean Edition Copyright © 2022 by JoongangilboS
Korean edition is published by arrangement with D-Strategy,
LLC through Alex Lee Agency ALA.

이 책의 한국어판 저작권은
알렉스리에이전시 ALA를 통한 저작권사와의 독점 계약으로 중앙일보에스(주)에 있습니다.
저작권법에 의해 한국 내에서 보호를 받는 저작물이므로
무단 전재와 복제를 금합니다.

돌i'books

이랑이 묶음
나태주 엮음 · 지음

기쁨이며
이름이랍니다

나태주 엮음
삶은 이렇게 작게 반짝이게 될 용법

들어가며

"생각하라, 그러면 부자가 되리라."

너무 쉽지 않은가? 여러분이 해야 할 일은 오직, 원하는 대상을 손에 넣고 목표에 도달하게 되리라 상상하고 믿는 것뿐이다. 원하는 게 건강이든 재산이든 꿈꾸는 직업이든 이상형의 배우자든 최신형 테슬라든 '뭐든' 상관없다.

이것은 제임스 앨런의《위대한 생각의 힘》(1903), 월러스 워틀스의《부자가 되는 과학적 방법》(1903), 나의 저서《생각하라 그리고 부자가 되어라》(1937), 조셉 머피의《잠자면서 성공한다》(1963), 론다 번의《시크릿》(2006)에 이르기까지 다수의 자기계발서들이 여러분에게 하는 약속이다. 이 책들을 비롯해 같은 기조를 가진 유사 도서들은 1800년대 중반 믿음요법 치유사인 피니어스 파커스트 큄비Phineas Parkhurst Quimby가 쓴《신사고 운동New Thought Movement》을 근간으로 한다.

신사고 운동은 우리를 비롯한 모든 생명체에 지적·창조적·전능적인 힘force, 氣이 스며든다는 생각에 기반한다. 우리는 마음을 이용해 이 힘에 다가가고 자신에게 유리하게 이용할 수 있다. 이 힘을 조율하여 앞으로 어떻게 되겠다고 상상하고 믿는 것만으로도 간단하게 그 일을 현실로 이룰 수 있다. 무언가를 손에 넣게 되리라고 열망하고 믿으면, 그것이 우리에게 끌려오게 된다. 마치 자석이 철을 끌어당기듯 말이다.

모든 일은 생각으로부터 시작된다

영화〈스타워즈〉속 요다는 이렇게 말했다. "하느냐, 안 하느냐가 있을 뿐이다. 해 본다는 없다."

우리는 자라면서 자신이 먹는 것과 입는 것이 자신을 만든다는 말을 자주 듣는다. 그런데 "우리는 생각하는 대로 된다"고 배우며 자란 사람은 얼마나 될까? 잠시 곰곰이 생각해 보면 이 말이 얼마나 진실인지 깨닫게 될 것이다. 우리가 자신의 삶에서 '완전히' 통제할 수 있는 게 하나 있다면, 그게 무엇이겠는가?

바로 자신의 생각이다. 우리는 스스로 무슨 생각을 할지 선택할 수 있다. 생각은 우리를 행복하게도, 슬프게도 할 수 있다. 생각은 우리를 막대한 성공으로 나아가게 할 수도, 완전한 실패로 나아가게 할 수도 있으며, 존경받는 사회의 일원이 되게 할 수도, 경멸받는 범죄자가 되게 할 수도 있다. 건물, 고속도로, 사업체, 상품 등 무엇이든 생각에서 시작된다. 우리가 행하는 모든 일은 생각에서 시작되고, 우리의 행동이 결국 운명을 결정한다. 우리는 생각의, 선택의 산물이다.

살다 보면 성공은 결코 쉽지 않다고 생각하게 된다. 특별히 부자로 태어났다거나, 굉장한 행운이 있었다거나, 복권에 당첨된 소수의 행운아가 아니라면 말이다. 우리는 원하는 것을 손에 넣기 위해 열심히 일해야만 한다. 그런데 어떤 사람들은 거의 노력하지 않고도 원하는 바를 손에 넣는 것 같다. 반대로 어떤 사람들은 투잡, 스리잡까지 하면서도 진척이 없어 보인다. 성공하지 못한 사람들이 자신의 꿈을 더 강하게 믿지 않아서일까? 아니면 노력이 충분하지 않아서일까? 그럴 수 있다. 하지만 인생에서 바라는 모든 것을 손에 넣는 데는 바라고 믿는 일이 다가 아니며, 원하는 것을 위해 그저 열심히 노력하는 것도 비결이 아니다.

그렇다면 비결은 뭘까? 성공의 비결을 간단히 말하자면, 인생의 어떤 부분에서든 우리가 지닌 대단하고 아름답고 복잡한 뇌, 그리고 모든 사물에 스며 있는 다른 사람들의 뇌, 집단의 형이상학적인 정신, 무한 지성infinite intelligence이 나를 위해 일하도록 만드는 것이다(무한 지성이라는 단어는 언뜻 종교적 함의를 담은 용어로 느껴지지만, 힐은 인간 정신의 일부인 예감, 통찰력이 번뜩이는 순간과 논리를 뛰어넘은 사고 과정을 정의하고자 사용했다. 칼 융의 '집단 무의식', 현대 심리학의 '몰입' 혹은 '존zone' 상태와 유사한 개념으로 볼 수 있다. -옮긴이).

우리의 뇌는 하루 24시간, 365일 내내 활동한다. 신체의 나머지 부분들이 잠을 잘 때도 해결책을 고안하고 혁신을 이룩한다. 자신의 뇌를 완전히 작동시키고 다른 사람들의 창조성과 재능까지 이용한다면, 더 애써서 일하는 게 아니라 더 영리하게 일하게 되고 꿈이 실현될 것이다. 제대로 일하라. 그러면 애쓰지 않아도 성공이 찾아올 것이다.

그렇다면 어떻게 해야 할까? 이것이 가장 중요하고 핵심적인 질문이다. 나는 《생각하라 그리고 부자가 되어라》에서 이 질문의 답을 제시했다. 먼저 부자가 되는 '마법의 공식'을 찾아내기 위해 성공한 사람과 성공하지 못한 사람 2만 5,000명 이상의 삶을 분석했다. 그리고 그 결과를 13가지의 성공 법칙과 6단계의 실천 방법으로 정리했다. 이후 전 세계 수천만 명의 사람들이 건강, 재산, 행복, 자아 실현감 등 인생에서 얻을 수 있는 온갖 멋진 일들을 손에 넣고자 이 공식을 따랐다.

  이 책에서 소개하는 실천 일지는 행복과 부를 향한 아주 구체적인 과정으로 당신을 이끌어 줄 것이다. 행복과 부의 여정에서 어떻게 나아가고 있는지 이 일지에 차근차근 기록하라. 여러분의 꿈을 실현하게 해 줄 성공 원칙과 실천 단계들을 발견할 수 있을 것이다. 기록하면 곧 이루어질 것이다. 모든 것은 여러분에게 달려 있다.

이 책을 읽는 방법

이 책에서는 부와 더 나은 삶을 향한 여러분만의 여정을 위해 '생각하면 부자가 되는 13가지 원칙'과 '인생에서 바라는 것을 얻는 6단계'를 우선 소개한다. 나머지 부분은 원하는 것을 얻어 나가는 과정으로 이끌어 주는 25개의 실천 일지다. 각 일지에는 개별 목표를 이뤄가는 여러분의 여정을 기록하는 공간이 포함되어 있다.

이 일지는 매일 날짜 순서대로 적어 나가는 전형적인 구식 일지가 아니다. 여러분이 지닌 가장 깊은 열망과 가장 큰 포부를 기록하는 일지다. 여러분은 한 번에 다양한 목표들을 추구할 수 있다. 이를테면 경력을 개발하거나 사업체를 일구어 나가면서, 운동을 통해 탄탄한 몸을 만드는 등 다양한 건강상의 목표를 세우고, 해외에 나가 모험을 하는 계획을 동시에 세울 수 있다. 이 일지에 여러 목표들을 기록하고 한 번에 모든 목표들을 향해 나아가면서, 목표마다 각 일지를 건너뛰며 사용할 수 있다.

25개의 일지에는 각각 목표를 기입하는 공간이 있다. 여러분의 야심찬 꿈과 그것을 손에 넣기 위한 25가지 목표로 지면을 채우라. 그러면 여러분이 이전에는 해 보지 못했던 25가지 일들을 완수하게 될 것이다.

이 실천 일지는 고전이 된 나의 베스트셀러 《생각하라 그리고 부자가 되어라》와 함께 사용할 수도 있다. 그 책에는 부자가 되고자, 바라는 물질적 재화를 손에 넣고자 이 성공 원리를 활용한 사람들에 관한 흥미로운 이야기들로 가득하다. 하지만 그 책을 꼭 정독할 필요는 없다. 《기록하면 이루어진다》는 13가지 성공 법칙과 실천 단계들을 좀 더 빠르고 구체적으로 제시하고 있기 때문에 단독으로도 사용할 수 있다.

여러분 역시 《기록하면 이루어진다》를 통해 막대한 부를 쌓는 이야기의 주인공이 될 수 있다. 또한 이 원리는 재산뿐만 아니라 인생의 어떤 목표에든 활용 가능하다.

차례

5 들어가며
10 이 책을 읽는 방법

1 / 생각하면 부자가 되는 13가지 성공 원칙 —————— 15

18 〈제1원칙〉 열망
19 〈제2원칙〉 믿음
20 〈제3원칙〉 자기 암시
21 〈제4원칙〉 전문 지식
22 〈제5원칙〉 상상력
23 〈제6원칙〉 체계적인 계획
24 〈제7원칙〉 결단
26 〈제8원칙〉 끈기
27 〈제9원칙〉 조력 집단의 힘
28 〈제10원칙〉 전환의 수수께끼
31 〈제11원칙〉 잠재의식
32 〈제12원칙〉 뇌
33 〈제13원칙〉 육감

2 / 인생에서 바라는 것을 얻는 6단계 —————— 35

3 / 당신만의 여정을 기록하라 —————— 43

47 자신의 목적 알기
54 바라는 것 발견하기
69 장기 목표 세우기
77 바라는 것 얻기

4 / 기록하면 이루어지는
25가지 목표 확인 일지 쓰기 —————— 79

5 / 실패와 약점을 극복하기 위한 체크리스트 —— 281

283 6가지 두려움의 유령
285 좋은 리더가 필수로 갖춰야 할 11가지 자질
286 실패하는 리더의 주요 원인 10가지
287 실패의 주요 원인 30가지
289 자기 분석을 위한 28가지 질문

1

생각하면 부자가 되는 13가지 성공 원칙

1장에서는 원하는 것을 얻기 위한 비결을 바탕으로 성공의 13가지 원칙을 정리했다. '원칙'이란 믿음 혹은 실천의 체계적인 기반이 되는 기초적 사실을 말한다. 이 원칙들을 알면 이 비결이 어떻게, 왜 작용하는지 이해할 수 있게 될 것이다. 자, 이제 생각하고 실천하고 성공을 손에 넣는 13가지 원칙을 간략히 요약해 알려 드리겠다.

〈제1원칙〉 열망

'열망'은 생각과 행동을 움직이는 추동력이다. 자기 보존 열망은 가장 강력한 열망이다. 배가 고프고 목이 마르면 우리는 이 욕망을 만족시키려고 어떤 일도 마다하지 않는다. 승리를 향한 열망은 경쟁을 이끈다. 더 나은 삶에 관한 열망은 혁신을 이끈다. 카놀리(Cannoli, 작은 파이프 모양으로 튀긴 후 크림으로 속을 채워 만든 이탈리아 페이스트리)를 먹고 싶다는 열망은 우리를 가까운 이탈리아 레스토랑에 가도록 이끈다.

안타깝게도 많은 사람들이 열망은 온갖 사악함의 근원이라고 믿으며 자란다. 자신의 열망을 억제하는 태도가 장려되기도 한다. 심지어 어떤 사람들은 부정적이고 패배주의적인 태도로 "너는 꿈을 이루지 못할 거야"라고 말하며, 우리의 열망을 완전히 없애 버리려고까지 한다. 우리가 그만큼 영리하지 않다거나, 재능이 부족하다거나, 돈이 없다거나, 때로는 그냥 불가능하다는 이유에서 말이다.

분명 열망은 부정적일 수 있다. 이를테면 마약, 섹스, 권력, 돈, 복수에 대한 소모적인 열망은 자기 파괴로 향하는 고속도로 위에 서 있는 일이나 마찬가지다. 하지만 건강, 부, 자기 충족감에 관한 열망은 우리가 인생에서 성취하는 모든 일들의 근간에 자리한 추동력이다. 부를 생각하고 부를 누리고 부를 쌓으려면, 무엇보다 먼저 열망이라는 불꽃을 지펴야 한다. 그 열망은 상황이 힘들어질 때에도 꺾이지 않을 만큼 강력해야 한다.

〈제2원칙〉 믿음

믿음은 당신이 열망하는 것을 달성하리라는 확신이자 의심하지 않는 태도다. 믿으면 이루어진다. 그것이 우주가 작동하는 방식이기 때문이다. 믿음은 사고 자극을 활성화하고, 힘을 드높이고, 행동으로 옮기게 하는 불변의 묘약이다. 믿음은 열망과 생각을 투지로 전환하고, 열망이나 아이디어가 결실을 맺게 만드는 데 반드시 필요한 무한 지성과 연결시킨다.

의심은 확신을 갉아먹는다. 열망을 달성하리라는 사실을 어떤 면에서든 조금이라도 의심하면, 다짐은 흔들리고 열망의 결실을 맺게 만드는 무한 지성의 힘이 약해진다. "못할 거야", "어쩌면 될 수도 있겠지", "최선을 다하도록 애쓰겠어", "안 될 거야", "말도 안 돼" 같이 열망의 결과를 의심하는 언어 표현은 마음 속에서 모조리 지우라.

〈제3원칙〉 자기 암시

자기 암시는 의심을 사라지게 하는 데 사용하는 도구이자, 열망을 의식 수준에서 잠재의식 수준으로 이행시키는 수단이다. 하루 종일 머릿속에서 혼잣말이 이루어진다고 생각해 보자. 당신은 무슨 말을 하고 있는가? "나는 원하는 것을 얻어 낼 만큼 실력이 뛰어나지 않아", "똑똑하지 않아", "재능이 충분하지 않아", "예쁘지 않아"라고 읊조리고 있지 않은가? 가난해질 거라고 말하고 있진 않은가? 병에 걸리거나 건강이 나빠질 거라고 말하진 않는가? 그렇다면 이제 메시지를 바꿀 때가 되었다. 우리의 혼잣말은 우리가 배운 것, 살아오면서 믿게 된 것의 산물인데, 자멸적인 경우도 종종 있다. "돈은 만악의 근원"이라든가 "나는 먹고살 만큼만 벌 거야"라고 믿으면, 부자가 되려는 다짐은 약화된다.

혼잣말은 의식 수준, 생각에서 시작된다. 특정한 문장을 반복해 생각하면 오랜 믿음을 새로운 믿음, 긍정적인 생각으로 대체할 수 있다. 이 과정이 '자기 암시'다. 잠재의식에는 정신의 비옥하고 창조적인 부분, 열망을 결실로 맺게 만드는 부분이 있다. 잠재의식은 우리가 믿는 대로 듣는다. 자기 암시는 의식을 이용해 목표를 잠재의식으로 전이하는 과정이다.

의심을 없애고 무의식이 (나와 대척하는 방향이 아니라) 나를 위해 일하게 하기 위해서는 부정적인 혼잣말을 멈추고, 긍정적인 확신의 말을 온종일 반복하며 중얼거려라. 현재 인지하고 있는 대상들이 아니라, 자신이 원하는 대상을 생각하는 데서 시작하라.

〈제4원칙〉 전문 지식

'전문 지식'은 실용적인 지식(목적을 위해 사용되는 지식)을 말한다. 일반 상식이나 원칙과는 다르다. 이를테면 수학은 원래 일반 상식이지만, 통계나 재무 분석을 할 때, 고층 건물을 설계할 때, 기계학습(인간의 학습 능력을 컴퓨터에서 실현한 기술) 알고리즘을 만들 때, 화성 탐사선을 착륙시키는 데 필요한 복잡한 계산을 할 때 사용하면 전문 지식이 된다. 전문 지식이 실행 계획과 함께 직접적·조직적·지적으로 사용되면, 열망을 실현하는 데 기여한다.

좋은 소식이 하나 있다. 부를 생각하고 부를 누리고 부자가 되는 데 여러분 스스로 전문 지식을 보유할 필요는 없다는 점이다. 전문 지식은 학업을 통해 스스로 얻을 수도 있지만, 자신에게 필요한 지식을 보유한 누군가와 협력함으로써도 얻을 수 있다(이 부분에서 나폴레온 힐은 '조력 집단'의 필요성을 언급하며, 아홉 번째 원칙에서 '조력 집단'에 대해 설명했다.-옮긴이). 여러분에게 필요한 건 아이디어 혹은 비전뿐이다. 지식은 필요한 순간에 필요한 사람에게서 구하면 된다. 여러분에게는 결실을 맺게 하는 다짐과 목표를 달성하기 위해 지식을 조직화하는 능력만 있으면 된다.

〈제5원칙〉 상상력

상상력은 정신의 작업장이다. 마음으로 상상하고 믿는 것은 그게 무엇이든 손에 쥘 수 있다. 자동차, 비행기, 컴퓨터, 스마트폰 등 인간이 만들어 낸 것은 그게 무엇이든 누구의 마음속에 있는 하나의 아이디어에서 시작한다.

바라는 것을 얻으려면, 일단 하나의 아이디어에서 시작하라. 상상력을 이용하여 바라는 것을 마음속에서 형상화하는 능력에서 창조 과정이 시작된다. 해변가 별장을 소유하는 일부터 매일 아침 신나게 잠자리에서 일어나게 만들 꿈의 직업을 갖는 일까지, 여러분이 바라는 바가 무엇이든 실현할 수 있다. 자, 떨

쳐 일어나라. 포부를 크게 가지고, 상상하는 것이 무엇이든 현실로 이루어지리라는 사실을 추호도 의심하지 말라. 완벽하게 확신하라.

〈제6원칙〉 체계적인 계획

체계적인 계획은 상상력의 산물인 열망을 행동으로 이끈다. 우리가 창조한 모든 것은 열망에서 시작하고, 상상을 통해 아이디어로 표현되며, 체계적인 계획을 통해 막연한 상상에서 구체적인 형상으로 이행한다. 계획에는 아이디어가 결실을 맺는 데 필요한 자원(인적 자원 포함)을 얻어내고 지휘하는 일이 포함된다.

여러분이 자동차 여행을 하기로 결정했다고 하자. 그러면 먼저 자신의 위치와 목적지를 지도 앱에 표시하고, A지점에서 B지점까지 어떻게 가야 하는지 알아봐야 한다. 목표를 달성하는 방법에 관한 명확한 계획을 갖는다는 건 여행할 때 어떤 길로 가야 할지 아는 일과 같다. 하지만 자동차 여행에서 반드시 처음 검색한 결과대로 가야 하는 건 아니다. 운전하는 동안 지도 앱은 주변 교통상황에 따라 경로를 바꾸기도 하고, 진출로를 놓치거나 길을 잘못 들면 돌아가도록 안내할 것이다. 여러분 역시 상황이 바뀌거나 바라는 것을 달성하는 과정에서 차질이 생기면 계획을 수정할 수 있다.

주의할 점 하나! 계획을 세우는 데 너무 많은 시간과 에너지를 들이지 말라. 뇌를 고문할 필요는 없다. 지나친 합리성을 경계하라. 계획을 세울 때 의식이 이보다 더 창조적인 잠재의식을 방해할 수 있기 때문이다. 잠재의식이 전략을 세우게 하라. 그리고 그 전략이 여러분 앞에 모습을 드러냈을 때 그것을 움켜잡아라. 너무 많은 생각을 하지 말라.

〈제7원칙〉 결단

'결단'은 선택지들을 고려한 뒤 선택을 하는 것이다. 성공한 사람들은 결단은 빨리 내리고, 마음은 천천히 바꾼다. 성공하지 못한 사람들은 결단이 느리고(혹은 결정을 내리지 못하고), 마음을 바꾸는 것이 빠르다.

당신이 결단을 내리지 못하면 누군가가 당신의 결정을 대신하게 된다. 그러면 자기 삶을 살지 못하게 된다. 다른 사람의 통제를 따르고 상황에 휘둘릴 뿐이다. 재미없는 일이다. 하지만 스스로 지휘한다면 책임을 갖고 자신의 환경을 만들어 내게 된다. 그게 바로 '살아간다'는 것이다. 물론 자신이 처한 환경이 꿈을 이루는 능력에 어느 정도 영향을 미칠 수 있다. 하지만 무한 지성과 함께 작동하는 우리의 정신은(누구나 쉽게 접근할 수 있다), 환경이 우리에게 부여한 어떤 장애물도 극복할 수 있게 해 준다.

무언가를 그저 바라기만 하는 것만으로는 충분치 않다는 점을 기억하라. 누구나 더 많은 돈, 더 멋진 집, 일에 대한 보상, 멋진 친구들을 바란다. 그저 바람만 품고 있다면 이 우주의 힘, 무한 지성의 힘을 활용할 수 없다. 명확한 목적과 계획이 없는 사람은 미적거리게 된다. 이들은 자기 꿈을 잠시 뒤로 제쳐 둔다. 그러고는 한계를 느끼고 먹고사는 데만 집중한다.

무언가를 그저 바라지 말고 목표를 설정하라. 매년 10만 달러를 번다든지, 매년 바하마 제도(카리브해에 있는 영국 연방의 섬나라)에서 2주간 휴가를 보낼 정도로 돈을 벌고 시간을 낸다든지 뭐든 상관없다. 그리고 목표에 도달하는 데 전념하라. 결단은 행동을 뜻한다. 이따금 행동에는 열망을 표현하는 것 이상이 필요하다. 그 이상이란 대개 계획과 실행을 말한다. 그저 앉아서 원하는 대상을 바라고만 있다면 그것을 손에 넣을 수 없다.

〈제8원칙〉 끈기

'끈기'란 역경 혹은 실패에 직면하여 분투하는 일을 말한다. 인생에는 롤러코스터처럼 고저가 있다. 어느 때는 높이 날아오르고, 또 어느 날은 그렇지 않다. 장애를 만나거나 일시적인 좌절 혹은 실패를 겪을 때 가장 쉽게 할 수 있는 일은 그만두는 것이다. 실패를 받아들이고 텔레비전을 켜서 가장 좋아하는 드라마나 보는 것이다.

하지만 성공한 사람들은 절대 포기하지 않는다. 그들은 역경에 처하거나 실패했을 때 마음을 가다듬고 두 배로 일하며 끈기 있게 나아간다. 심지어 실패를 받아들이는 끈기가 필요한 사업도 있다. 이런 사업에서는 빨리 실패를 경험하고 꾸준히 배워서 자신의 상품(혹은 서비스)을 발전시켜 나가는 일을 반복해야 한다.

삶에서도 이런 태도를 취하라. 역경과 실패를 배움의 기회로 받아들여라. 그에 맞춰 계획을 적절히 조정하라. 인내하며 계속해 나가고, 여러분이 받을 보상에만 마음을 기울이라.

끈기란 마음의 상태이며, 마음은 언제든 바뀔 수 있다. 끈기를 기르려면 다음의 단계들을 습관으로 완전히 체득하라.

1. 목적을 가지고 시작하라. 단, 여기에는 목적을 달성하겠다는 불타는 열망이 뒷받침되어야 한다.
2. 꾸준히 하게 해 주는 명확한 계획을 세우라.
3. 온갖 부정적인 말들, 당신을 낙담시키는 일들을 한 치도 받아들이지 말라. 그런 말들은 특히 가까운 친구, 친지, 지인들이 많이 한다.
4. 당신을 북돋고, 계획과 목적을 완수하도록 도와줄 한 명 이상의 사람과 연합하라.

〈제9원칙〉 조력 집단의 힘

 조력 집단의 힘은 공동의 목표를 달성하기 위해 집단 지성과 잠재의식이 함께 작용하여 형성된 창조적인 힘이다. "백지장도 맞들면 낫다"라는 말이 있지 않은가. 바로 이것이 조력 집단의 힘이다. 이제 조력 집단에 무한 지성을 더하라.
 분명한 목적을 세우고 이를 달성하고자 둘 이상의 사람이 각자의 재능·지식·노력을 조화롭게 합치면, 마치 이들을 다 합친 것보다 지혜롭고 경험이 많은 제3의 정신이 유입된다. 위대한 성과는 헌신적인 개인들이 팀을 이루어 함께 일을 하고, 조력 집단의 힘에 영감을 받아 추동된 결과다.

힘은 지식을 체계적이고 지능적으로 직접 사용할 때 나온다. 어떤 가치 있는 목표를 달성하려면 우리의 열망을 실현해 줄 힘을 가져야만 한다. 지식은 다음의 세 가지에서 나온다. 바로 무한 지성, 축적된 경험, 실험과 조사다. 조력 집단과 함께 지식을 체계화해서 적절한 곳에 활용하라.

〈제10원칙〉 전환의 수수께끼

'전환'은 상상력, 용기, 의지, 인내심, 창조성을 추동하기 위해 긍정적인 감정이 지닌 에너지의 방향을 조정하는 일이다. 아래 정신을 자극하는 10가지를 정리했는데, 이 중 두어 가지는 해로울 수도 있다.

1. 열정
2. 애정
3. 명성, 권력, 부에 대한 열망
4. 음악
5. 우정

6. 조력 집단(협력)
7. 함께 고난을 겪는 것(이를테면 함께 박해를 받는 공동의 경험)
8. 자기 암시
9. 두려움
10. 마약과 알코올

여기서 핵심은, 강렬한 감정은 현실 세계의 결과에 영향을 미치고 현실로 나타날 만큼 강력한 힘을 지니고 있다는 점이다. 삶에서 바라는 것을 손에 넣는 사람들은 이런 강력한 감정을 자신에게 이득이 되도록 이용하는 방법을 찾아낸 사람들이다. 이를테면 두려움은 일반적으로 불리한 것으로 여겨지는데, 우리가 기회를 붙잡는 걸 두려워하게 만들 수 있기 때문이다. 하지만 두려움은 행동을 촉발하고 창조적인 생각에 불을 지피는 강력한 힘이 될 수도 있다. 최근 지구 온난화와 기후 변화가 어떻게 에너지, 여행, 농업, 산업, 환경 보존 분야에서 혁신을 끌어내고 있는지 익히 목도하고 있지 않은가.

불리하게 작용하는 것은 열 번째 마약과 알코올 항목이다. 마약과 알코올은 정신 자극원이 아니다. 오히려 정신을 침체시키는 요인이다. 또한 이것들은 중독성이 있으며 과도하게 사용할 경우 몸에 무척 해롭다. 마약과 알코올을 선정한 이유는 이것들이 이성적·논리적 정신을 누그러뜨려서, 창조적인 잠재의식이 더욱 자유롭게 활동하게 되기 때문이다. 실제로 마약이나 술에 취해 위대한 작품을 집필한 유명 작가들이 있다. 하지만 이들 중 많은 수가 그 과정에서 스스로를 파괴했다. 10번째 항목에는 보다 신중하게 접근하고, 앞의 9가지 항목을 따르도록 하라.

특정 감정들은 '정신'을 일깨워 우리가 무한 지성과 결합하도록 해 준다. 무한 지성이란 이 우주의 모든 것을 창조하는 힘을 말한다. 느낌은 모두 진동을 지니고 있는데, 무한 지성과 조화를 이루기 위해서는 받고자 하는 것에 정신의 주파수를 맞추어야 한다. 이 말인즉 만일 무한 지성이 더 많은 돈을 벌게 해 주길 바란다면, 이미 부자가 되었다고 느껴야 한다는 것이다. 정신의 주파수를 더 높이고 더 자주 진동하게 만드는 긍정적인 감정을 이용하라. 그러면 정말로 바라는 것을 요청하고, 받는 위치에 자리할 수 있다.

알아 둘 것! 분노, 탐욕, 질투 같은 부정적인 감정은 삶에서 원치 않는 결과들을 끌어 낼 수도 있다. 분노는 성공을 위한 연합에 필요한 조화를 깨뜨린다. 탐욕은 부에 욕심을 내도록 부추겨서 결국 돈과 에너지의 흐름을 방해한다. 질투는 결핍의 감정으로, 부자가 되리라는 믿음과는 대척된다.

(이 일지의 바탕이 된 《생각하라 그리고 부자가 되어라》에서 제10원칙은 '성 에너지'다. 힐이 말하는 '성 에너지'는 육체적인 함의를 지닌 것은 아니며, 인간에게 동기를 부여하는 강력한 힘으로 '사랑에 대한 열망'에 가깝다. 이 일지에서는 성 에너지를 창조적으로 '전환'해야 한다는 본질적 의미에 초점을 맞추어 '전환 transmutation'이라는 표현을 사용한 듯하다. – 옮긴이)

〈제11원칙〉 **잠재의식**

'잠재의식'은 정신활동에서 힘의 중추다. 잠재의식은 우리의 뇌와 신체에서 일어나는 필수 신체 기능들을 모니터링하고 지시를 보낸다. 잠재의식은 끊임없이 신체 에너지 활동·물질대사·생각을 관리하고, 그 결과는 세포로 보내서 생명을 유지하게 한다. 뿐만 아니라 정신의 일부인 아이디어, 계획, 꿈, 열망을 물질적인 형태로 탈바꿈시킨다.

풍요를 이미지화하고 부를 느끼면 잠재의식이 우리를 위해 무한 지성의 힘을 끌어내고, 풍요를 실현하게 하는 정신의 일부분이 된다. 결국 우리의 계획 혹은 생각을 잠재의식 안에 심고 결실을 맺도록 한다.

우리는 자기 암시 연습을 통해 의식 수준을 이용해 잠재의식에 생각과 계획을 심어 넣을 수 있다. 잠재의식 속에서 강렬한 감정이 수반된 열망이 우선적으로 작용하게 만드는 것이다.

〈제12원칙〉 뇌

'뇌'를 라디오에 비유하면 '생각을 송출하고 전송받는 기지국'이다. 라디오처럼 우리 뇌도 특정 주파수에서 운용된다. 이 주파수란 사랑, 미움, 자신감, 두려움, 희망, 절망 등의 감정이다. 생각은 전송기와 수신기가 같은 주파수에 맞추어져 있을 때에만 전달될 수 있다. 부를 열망한다면 풍요롭고 부유한 마음가짐을 지녀야 한다. 애정 어린 관계를 추구한다면 뇌가 타인에 대한 선한 의지를 지니고 있어야 한다.

무엇을 열망하든 여러분의 감정이 해당 주파수에 맞추어져 있어야만 한다. 뇌가 절망에 주파수를 맞추고 있다면, 절망을 끌어당기게 된다. 하지만 뇌가 사랑·목적·부에 주파수를 맞추고 있다면, 당연히 이런 대상들이 나타나게 될 것이다.

정신을 자극할 때 생각에 감정을 섞으면 더 고차원적인 주파수들에 정신을 맞추고, 잠재의식 속에 생각을 심어 넣는 능력이 발전한다. 그러면서 무한 지성으로부터 영감을 받고, 말하지 않고도 다른 사람들과 소통할 수 있게 된다. 우리가 생각을 내보내면, 그 생각이 사방으로 뻗어 나가서 스스로 잠재의식 속에 굳건하고도 영구히 자리 잡게 된다.

〈제13원칙〉 육감

'육감'은 《생각하라 그리고 부자가 되어라》에서 가장 마지막에 나오는 원칙이다. 앞서 12가지 원칙들을 완벽히 이해했다면 창조성의 확실한 원천으로부터 안내와 도움을 받을 준비가 된 것이다. 창조성의 원천은 바로 무한 지성이다. 무한 지성의 안내를 받을 때, 우리의 열망이 세상에 드러나는 데 필요한 단계들을 밟는 데 한 치의 오차도 없이 안내해 줄 육감이 계발된다.

《생각하라 그리고 부자가 되어라》에서는 육감을 계발할 수 있는 '비결'을 소개했는데, 이 비결은 일단 발견되고 활용되면 그 체제를 따르는 사람들을 성공으로 급격히 끌어올려 준다. 이 지침을 일상적으로 따르고 실천한다면 마침내 육감이 계발되고, 건강·부·행복·자기 충족감의 비결을 알게 될 것이다. 삶에서 원하는 모든 것을 얻어 내기 위한 여정에서 이 일지 형태의 안내서가 여러분을 이끌고, 힘든 상황에서도 13가지 성공 법칙을 포기하지 않고 꾸준히 실천하도록 해 줄 것이다.

2

인생에서 바라는 것을 얻는 6단계

13가지 성공 원칙을 이해했는가? 이제 바라는 것을 손에 넣기 위한 준비를 마쳤다. 하지만 이 원칙들은 꿈을 실현하게 해주는 실천적 단계는 아니다. 부자가 되기 위해서는 다음의 6단계를 따라야 한다.

1. **자신이 열망하는 '정확한' 금액을 정하라.**
   "돈을 많이 벌고 싶어"로는 충분하지 않다. 금액을 분명하고도 구체적으로 정하라.

2. **열망하는 돈을 위해 무엇을 내줄지 혹은 희생할지 정하라.**

당신은 다른 사람에게 도움을 청하고, 돈을 빌리고, 자리를 바꾸고, 매주 자신의 여가 시간을 일부 희생하고, 신상품을 개발하고, 가치 있는 서비스를 제공할 의지가 있는가? 바라는 것을 얻는 데 반드시 막대한 노력이나 개인적 희생이 요구되지는 않지만, 인생에는 공짜가 없다. 당신이 바라는 것을 얻기 위해 얼마만큼의 액수를 대가로 지불할 것인가(주의! 이 단계를 자신이 얻은 결과에 대한 보상으로 어느 정도 금액을 자선단체에 기부해야 한다고 오해하는 사람들이 종종 있다).

3. 원하는 금액을 '소유하게 될' 날짜를 정하라.

마감일이 정해지지 않은 목표는 그저 소망일 뿐이다.

4. 열망을 실행하기 위한 명확한 계획을 세우고, 일단 시작하라. 준비가 되었든 그렇지 않든, 계획을 '실행'으로 옮겨라.

이 단계는 계획 및 결심의 원칙과 관계있다. 이상적인 환경이 갖춰질 때까지 기다리지 말라. 그러면 평생 기다리다가 끝날 것이다. 당신이 가진 자원이 무엇이든 일단 그것으로 시작하고 계획을 실행에 옮겨라.

5. 목표 금액, 언제까지 그 돈을 손에 쥘 것인지, 그것을 위해 무엇을 바칠 것인지 등 돈을 모으는 계획에 대해 명료하고 간결한 선언문을 작성하라.

이 단계에서는 이 선언문을 매일 두 차례씩 반복해서 읽으면서(다음 단계) 열망과 확신을 잠재의식에 심어 주어라.

6. 선언문을 하루 두 번 큰소리로 읽어라. 잠자리에 들기 전에 한 번, 아침에 일어날 때 한 번 읽어라.

선언문을 읽으면서 자신이 그 돈을 이미 가졌다고 머릿속에 그리고, 느끼고, 믿어라. 여기에서 목표는 실제로 그 돈을 가졌을 때의 느낌을 마음속에서 이미지화하는 것이다. 상상할 때는 시각, 청각, 후각, 미각, 촉각 등 오감이 모두 관여되어야 한다. 우리는 무엇이든 상상하고 잠재의식으로 보낼 수 있다. 그러면 잠재의식이 그것을 실현시킬 방법을 찾아 줄 것이다.

이 6단계는 '돈'에 초점이 맞춰져 있지만, 삶의 다른 부분을 풍요롭게 하는 데도 적용할 수 있다. 건강이든, 인간관계든(가족관계든 우정이든), 경력을 쌓는 일이든, 사업이든, 물리적 환경이든(당신이 시간을 보내는 곳), 여가 시간이든, 자기 충족감이든 뭐든 말이다.

  매일 사용하기 편하도록 이 일지에서는 6단계를 10단계로 확장했다. 이것을 가지고 앞으로 여러분이 한 장 한 장 넘기면서 따라갈 수 있는 틀을 만들어 제공할 것이다. 10단계는 다음과 같다.

1. 바라는 것을 분명하게 이미지화하라.
2. 그것을 손에 넣기 위해 희생할 것, 혹은 할 일을 결정하라.
3. 바라는 것을 손에 넣을 명확한 날짜를 정하라.
4. 그 일을 실현할 계획을 생각하라.
5. 바라는 대상을 분명하고 간결하게 작성하라. 언제 손에 넣을지, 그것을 얻기 위해 기꺼이 무엇을 할 것인지, 그리고 그것을 실현할 계획을 요약해 적어라.
6. 하루 두 번, 잠자리에 들 때와 잠자리에서 일어날 때 선언문을 큰소리로 읽어라.
7. 계획을 실천하기 시작하라.
8. 앞으로 나아가거나 한 발 물러서게 되면 그게 뭐든 기록하라. 거기에서 무엇을 배웠는지도 기록하라.
9. 계획을 적절히 보정하라.
10. 목표를 충족할 때까지 6단계에서 9단계까지 반복하라.

이 10단계는 여러분이 바라는 대상을 거머쥘 때까지 긴 여정을 그만두지 않게 해 주고, 성공으로 여러분을 이끌 것이다. 자, 이제 성공을 위한, 절대 포기하지 않게 할 확약서를 만들어 보자.

"당신이 할 수 있다고 생각하든 할 수 없다고 생각하든, 어느 쪽이든 당신 생각이 옳다."

3

당신만의 여정을 기록하라

여러분은 자기 인생의 주인공이자 작가다. 이 책 대부분을 작성하는 주체도 바로 당신이다. 건강, 부, 행복, 자기 충족감을 얻어내는 비밀은 겉으로 드러나지 않은 채 당신 안에 있다. 이번 장에서는 자기를 발견하고 역량을 강화하는 과정으로 이끄는 질문을 통해 비밀의 문을 열 열쇠들을 여러분에게 건넬 것이다. 다음의 질문에 답을 해 나가면서 여러분은 자신에 대해 더 많은 것을 알게 되고, 바라는 것을 얻어 내는 기술을 계발하게 될 것이다. 동시에 자신의 여정을 일지에 기록함으로써 스스로 인생을 관리하기 시작했던 날부터 얼마나 진척을 이루었는지 돌아볼 수 있을 것이다.

생각하고 실천하고 부자가 되는 삶은 그럴 '의도'가 있어야만 이루어진다. 이는 자신이 누구이고 자신이 바라는 것이 무엇이지 아는 것에서 시작된다. 우리들 대부분은 자신이 누구인지, 인생의 목적이 무엇인지 막연하게 느낀다. 자신이 바라는 것을 알지 못해서 수동적인 존재로 살아간다. 그 결과 환경의 희생양이 되며, 사람들이 자신을 이용하고 있다고 느끼기까지 한다. 이런 사람들 반대편에는 자신이 바라는 것이 무엇인지 정확하게 알고, 그것을 손에 넣는 데 완벽히 초점을 맞추고 태어난 것 같은 사람들이 있다. 이런 사람들은 대개 큰 성공을 거둔다. 이들은 목적지를 선택하고 자신만의 지도를 만들며, 자신이 가고자 하는 곳에 거듭 도달한다. 환경의 희생양이 되지 않는다. 오히려 자신의 환경을 '만들어 낸다'.

이 장에서는 삶의 목적을 찾고, 자신이 진정으로 바라는 것—건강, 부, 모험, 유익한 관계, 그 밖에 열망하는 무엇이든—이 무엇인지 찾아내고 기록하는 것으로 당신의 여정을 시작한다. 그리고 여정에서 이정표의 역할을 할 1년, 3년, 5년 목표를 설정한다. 이 목표들을 적소에 놓으면 열망을 추구할 준비가 된 것이다. 이것이 바로 '바라는 것 얻기' 단계에서 해야 할 일이다.

당신이 이미 삶에서 바라는 것을 아주 분명하게 알고 있다면

'바라는 것 얻기' 단계를 건너뛰어도 좋다. 자신이 바라는 것이 분명치 않다면, 먼저 '자신의 목적 알기', '바라는 것 찾기', '장기 목표 세우기' 단계를 붙잡고 씨름하라.

자신의 목적 알기

목적을 가질 때 집중하게 되고, 인생은 의미를 가지게 된다. 목적을 달성하느라 바빠서 부정적인 영향을 받지 않기 때문에 불쾌함도 차츰 사라진다. 하지만 인생의 목적을 찾는 것(더 정확하게는 규정하는 것)은 굉장한 도전일 수 있다. 특히 누군가가 당신을 위해 그 일을 대신해 주기를 기대한다면 말이다. 자기 외부에서 목적을 찾는 건 엄청난 실수다. 누군가가 내 인생의 목적을 대신 결정하게 하는 것은 훨씬 더 큰 실수다. 유감스럽게도 이런 일은 너무나 흔히 일어난다.

당신의 인생 목적은 당신 내부에 있다. 삶의 목적을 찾기 위해(혹은 규정하기 위해) 다음의 질문에 답을 써 보라.

◆ 당신이 아주 잘하는 일 3가지는 무엇인가?

◆ 당신이 좋아하는 일 3가지는 무엇인가?

◆ 무엇이 당신의 엔진을 들끓게 하고, 당신을 극도로 흥분시키는가?

◆ 실패할 수 있다는 걸 알아도 하고 싶은 일이 있는가?

◆ 가장 잘 아는 일은 무엇인가?

◆ 가장 알고 싶은 일은 무엇인가?

◆ 당신이 동경하는 사람 3명을 꼽으라(한 사람씩 간단하게 이유를 설명하라).

◆ 당신이 세상의 어떤 문제를 해결할 수 있다면 무엇부터 해결할 것인가?

◆ 기꺼이 큰 희생을 치르고서라도 하고 싶은 일이 있는가? 혹은 어떤 사람이 되고 싶다거나 가지고 싶은 것이 있는가?

◆ 가장 돕고 싶은 사람은 누구인가? (어떤 생물이든 관계없고 집단도 가능하다)

◆ 앞서 질문에 한 대답들을 다시 살펴보고 겹치는 부분이나 특정한 패턴이 있는지 보라. 대개 잘하는 일과 열정을 발휘하는 일이 겹치는 부분에서 당신 삶의 목적을 찾을 수 있다. 관찰 내용을 기록하라. 당신 삶의 목적은 무엇인가?

바라는 것 발견하기

바라는 것을 얻으려면 바라는 것이 무엇인지 아는 데서 시작해야 한다. 안타깝게도 바라는 것이 무엇인지 알기란 쉽지만은 않다. 우리의 열망은 종종 다른 사람들, 양육 방식, 미디어, 문화의 영향을 강하게 받는다. 그것은 종종 '우리'가 원하는 것이 아니라 우리가 처한 환경에서 '원해야 한다고' 믿게 된 것, 혹은 우리가 해야 하리라고 여겨지는 일일 뿐이다. 직장을 구하고, 결혼을 하고, 집을 사고, 아이를 낳는 일 등이 그렇다. 원하던 모든 것을 가졌을 때조차 낙담하거나 실망하는 일이 벌어지는 데는 이런 이유가 있다. 이들이 얻어낸 것이 진정으로 원하던 대상이 아니기 때문이다. 이들은 '모방된 욕망'의 희생자로, 고통스러운 현실을 마주하고 상처를 입는다. 다시 말해 타인의 열망을 토대로 자신의 열망을 그려내는 실수를 저지르는 것이다.

모방된 욕망의 굴레에서 벗어나서 '자신이' 진정으로 바라는 것을 찾기 위해 다음의 질문과 지시문에 대답해 보라.

- 질투가 나는 사람이 있는가? 그 사람은 누구이고, 이유는 무엇인가? 그 사람이 가진 것 중 무엇이 가지고 싶은가? (질투가 반드시 나쁜 것은 아니다. 질투는 억눌린 욕망을 알려 줄 수 있다)

- 어떤 일이 성가신가? 그 일이 신체적, 감정적, 혹은 심리적 고통이나 불편한 마음을 일으키는가? (고통, 불편함, 실망은 열망의 씨앗이 될 수 있다)

- 전 세계 아무 곳에서나 살 수 있다면 어디에서 살 것인가?

- 당신이 꿈꾸는 직업 혹은 경력은 무엇인가?

◆ 당신의 소울메이트에 대해 적어라.

◆ 당신이 살고 싶은 곳에 대해 적어라.

◆ 얼마를 가져야 부자가 된 기분이 들까?

원

◆ 경제적으로 곤란한 상황에 처해 있는가? 그렇다면 어떤 문제인지 적어 보라. 그 문제를 해결하려면 어떤 자원이 필요할까?

◆ 돈이 있다면, 무엇을 살지 3가지만 적어라.

◆ 벗어나고 싶은 질병 혹은 건강상의 문제가 있는가?

◆ 건강과 관련된 목표 3가지를 적어라.

◆ 친구로 삼고 싶은 사람 3명의 이름을 적어라.

◆ 하고 싶은 일 혹은 더 잘하고 싶은 일 3가지를 적어라.

◆ 돈에 제약이 없고 시간도 생긴다면 무엇을 할 것인가?

◆ 자신에게서 어떤 면을 발전시키고 싶은가?

◆ 당신 가정을 더욱 즐겁고 만족스러워지게 하는 것은 무엇인가?

◆ 사랑하는 사람이 병에 걸리거나 무언가로 고통스러워하고 있다고 생각해 보자. 그 사람은 누구일까? 그 사람을 어떻게 돕고 싶은가?

◆ 어떤 사람으로 존경받고 싶은가?

◆ 사람들이 당신에 대해 어떻게 말하길 바라는가?

◆ 들어가고 싶은 동호회나 커뮤니티 등을 3가지 적어라.

◆ 당신이 속한 커뮤니티에 대해 생각해 보자. 그 커뮤니티 회원들과 접점이 있다고 느낄 때는 언제인가?

◆ 보다 영적인 삶을 살고 싶은가? 만일 그렇다면, 무엇이 당신에게 극도로 영적인 충족감을 가져다줄까?

◆ 이전에 완전히 사로잡혔던, 원하던 것이 있는가? 그중 절대 이루지 못할 것을 적어라.

◆ 당신이 특별한 사람이라고 느끼게 만드는 사람(혹은 일)이 있는가?

◆ 영원히 미루고 싶은 일을 적어라.

◆ 당신이 손에 넣고 싶은 인생이 어떤 것인지 상상해 보고, 그것을 적어라.

◆ 그만두어야 할 나쁜 습관 1가지를 적어라.

장기 목표 세우기

　바라는 것을 가장 효율적으로 손에 쥐려면 먼저 목표를 세우고, 이를 하위 목표들로 나누거나 중간 이정표들을 만들고, 그 목표를 달성하기 위해 무엇을 해야 할지 정확하게 알면 된다. 그러면 목표 달성에 점차 다가갈 수 있고, 지나치게 목표에 짓눌리지 않을 수 있다. 목표가 큰 경우 사람들은 1-3-5년 계획이나 1-5-10년 계획을 세운다. 시간 간격은 다양하게 설정할 수 있다. 중요한 것은 목표를 하위 목표들로 나누고, 각각 마감일을 설정하는 것이다.

　얼마나 장기적인 목표인지에 상관없이 장기 목표를 명시하는 데서 시작하라. 지금부터 1년, 3년, 5년간 당신이 원하는 삶을 머릿속에 그려보고, 삶의 7가지 영역에 관한 목표를 세우라.

◆ 직업(사업): 어떤 일을 하며 살고 싶은가

◆ 재정 상태: 돈은 얼마나 벌고 싶은가

◆ 건강: 어떤 몸으로 살고 싶은가

◆ 인간관계: 어떤 사람을 만나며 살고 싶은가

_____

_____

_____

◆ 거주 형태(지역, 주택/아파트, 동거인 여부): 어떤 집에서 살고 싶은가

_____

_____

_____

◆ 여가 생활(오락, 취미, 여행): 무엇을 하며 남는 시간을 보낼 것인가

_____

_____

_____

◆ 자기계발(학업, 훈련, 자기계발, 멘토링): 무엇을 하며 성장할 것인가

_____

_____

_____

- 직업(사업): 어떤 일을 하며 살고 싶은가

_____
_____
_____

- 재정 상태: 돈은 얼마나 벌고 싶은가

_____
_____
_____

- 건강: 어떤 몸으로 살고 싶은가

_____
_____
_____

◆ 인간관계: 어떤 사람을 만나며 살고 싶은가

_____

_____

_____

◆ 거주 형태(지역, 주택/아파트, 동거인 여부): 어떤 집에서 살고 싶은가

_____

_____

_____

◆ 여가 생활(오락, 취미, 여행): 무엇을 하며 남는 시간을 보낼 것인가

_____

_____

_____

◆ 자기계발(학업, 훈련, 자기계발, 멘토링): 무엇을 하며 성장할 것인가

_____

_____

_____

- 직업(사업): 어떤 일을 하며 살고 싶은가

- 재정 상태: 돈은 얼마나 벌고 싶은가

- 건강: 어떤 몸으로 살고 싶은가

◆ 인간관계: 어떤 사람을 만나며 살고 싶은가

_____

_____

_____

◆ 거주 형태(지역, 주택/아파트, 동거인 여부): 어떤 집에서 살고 싶은가

_____

_____

_____

◆ 여가 생활(오락, 취미, 여행): 무엇을 하며 남는 시간을 보낼 것인가

_____

_____

_____

◆ 자기계발(학업, 훈련, 자기계발, 멘토링): 무엇을 하며 성장할 것인가

_____

_____

_____

이제 장기 목표를 몇 가지 세우고, 다음의 서식에 맞춰 각각의 목표를 달성하기 위한 계획을 개괄적으로 써 보라(목표별로 서식을 따로 사용하라).

목표 계획안

목표:
_____

목표 달성 예정일 :　　　　년　　월　　일

하위 목표/이정표
- 　　　　　　　　　　(　　　년　　월　　일까지)
- 　　　　　　　　　　(　　　년　　월　　일까지)
- 　　　　　　　　　　(　　　년　　월　　일까지)
- 　　　　　　　　　　(　　　년　　월　　일까지)
- 　　　　　　　　　　(　　　년　　월　　일까지)

하위 목표/이정표를 달성하기 위해 해야 할 일
-
-
-
-
-

바라는 것 얻기

이제 앞서 소개한 강력한 성공 원칙을 당신을 위해 작동시켜 보자. 25개의 목표 확인 일지가 당신이 바라는 것을 얻을 수 있도록 이끌어 줄 것이다. 목표가 돈이든, 돈을 많이 버는 직업이든, 더 멋진 인간관계든, 건강 증진이든 상관없다.

먼저 당신이 바라는 것과 날짜를 명확하게 적어라. 그리고 목표 달성을 위한 단계별 과정을 이끄는 지시문을 따르라. 지시문들은 당신이 바라는 대상과 그것을 손에 넣는 행동 방침을 명료하게 정하고, 그 과정에서 당신이 배운 것을 포착하고, 마주치는 장애물을 극복하고, 좌절했을 때 앞으로 나아가게 해 줄 것이다. 지시문 대부분은 대답을 글로 쓰는 방식이지만, 그림으로 그리는 부분도 있다.

일지 형식으로 이루어진 다음 장에서는 당신이 인생에서 가장 원하는 25가지와, 그것들을 얻어내는 당신의 여정을 적어 볼 것이다. 각 일지 마지막에 배치된 '성공을 위한 마인드셋'은 《생각하라 그리고 부자가 되어라》를 토대로 작성됐다. 각 선언문은 곧이어 시작될 당신의 여정에 용기를 줄 것이다.

4

기록하면 이루어지는
25가지 목표 확인 일지 쓰기

Napoleon Hill
The Think and Grow Rich Journal

목표 × 01

년 월 일

내가 원하는 것은

_____
_____
_____
_____
_____
_____
_____

◆ 바라는 것을 글로 적기(그림이나 도표로 그려도 무방)

- 목표를 달성하기 위해 기꺼이 할 수 있는 일 혹은 희생할 수 있는 일은 무엇인가?

- 이 목표는 언제까지 달성할 것인가? 구체적으로 적어라.

  년   월   일

- 그 일을 실현하기 위한 계획은 무엇인가?

◆ 도움을 줄 수 있는 사람은 누구인가?

◆ 무엇이 필요한가?

◆ 어떤 단계를 취해야 하는가?

1.
2.
3.
4.
5.

◆ 다음의 빈칸을 채워 매일 낭독할 선언문을 완성하라.

나는 (　　　　　)을 바란다. 그리고 그것을 실현하기 위해
(　　　　　)을 할 것이다.
다음의 전략을 따라 (　　　)년 (　　)월 (　　)일까지 해낼 것이다.

전략:

작성한 선언문을 하루 두 번, 잠자리에서 일어날 때와 잠들기 전에 큰소리로 읽어라. 읽으면서 마음속에 자신이 바라는 것을 손에 넣었을 때 어떠할지를 분명한 이미지로 그려 보라.

◆ 바라는 것을 얻기 위해 지금까지 무엇을 했는가?

- 어떤 고난에 처했는가? 혹은 무엇 때문에 좌절했는가? 거기에서 무엇을 배웠는가?

- 어떻게 계획을 더 잘 수정할 수 있을까?

목표 1을 어떻게 수행하고 있으며 앞으로의 계획은 무엇인가?

성공을 위한 마인드셋

> 우리가 완벽히 통제할 수 있는 것은 오직 자신의 생각뿐이다.
>
> ✛
>
> 다른 사람들의 강점으로 자신의 약점을 극복하라.
>
> ✛
>
> 소망은 당신이 바라는 것을 얻게 해 주지 못한다.
> 계획과 인내가 뒷받침된 강한 열망이 그 일을 가능하게 한다.
>
> ✛
>
> 상상은 마음의 작업장이다.
>
> ✛
>
> 결단은 빠르게 내리고, 마음은 천천히 바꾸어라.

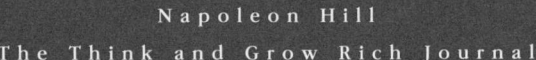

Napoleon Hill
The Think and Grow Rich Journal

목표 × 02

년 월 일

내가 원하는 것은

◆ 바라는 것을 글로 적기(그림이나 도표로 그려도 무방)

◆ 목표를 달성하기 위해 기꺼이 할 수 있는 일 혹은 희생할 수 있는 일은 무엇인가?

◆ 이 목표는 언제까지 달성할 것인가? 구체적으로 적어라.

년   월   일

◆그 일을 실현하기 위한 계획은 무엇인가?

◆ 도움을 줄 수 있는 사람은 누구인가?

◆ 무엇이 필요한가?

◆ 어떤 단계를 취해야 하는가?

1.
2.
3.
4.
5.

◆ 다음의 빈칸을 채워 매일 낭독할 선언문을 완성하라.

나는 (   )을 바란다. 그리고 그것을 실현하기 위해
(   )을 할 것이다.
다음의 전략을 따라 (   )년 (   )월 (   )일까지 해낼 것이다.

전략:

작성한 선언문을 하루 두 번, 잠자리에서 일어날 때와 잠들기 전에 큰소리로 읽어라. 읽으면서 마음속에 자신이 바라는 것을 손에 넣었을 때 어떠할지를 분명한 이미지로 그려 보라.

◆ 바라는 것을 얻기 위해 지금까지 무엇을 했는가?

- 어떤 고난에 처했는가? 혹은 무엇 때문에 좌절했는가? 거기에서 무엇을 배웠는가?

- 어떻게 계획을 더 잘 수정할 수 있을까?

**목표 2를 어떻게 수행하고 있으며
앞으로의 계획은 무엇인가?**

성공을 위한 마인드셋

"

부와 번영은 생각의 결실이다.

+

인간의 마음은 막강하다.
인간 세상에서 창조되고 파괴되는 것은 모두 인간의 마음에 달렸다.

+

비판은 누구나 잘할 수 있다.

+

상상할 수 있는 것은 그게 무엇이든 실현할 수 있다.

+

스스로 생각하라.
남의 의견에 휘둘리지 말라.

"

Napoleon Hill
The Think and Grow Rich Journal

목표 × 03

년   월   일

내가 원하는 것은

◆ 바라는 것을 글로 적기(그림이나 도표로 그려도 무방)

◆ 목표를 달성하기 위해 기꺼이 할 수 있는 일 혹은 희생할 수 있는 일은 무엇인가?

◆ 이 목표는 언제까지 달성할 것인가? 구체적으로 적어라.

년   월   일

◆ 그 일을 실현하기 위한 계획은 무엇인가?

◆ 도움을 줄 수 있는 사람은 누구인가?

◆ 무엇이 필요한가?

◆ 어떤 단계를 취해야 하는가?

1.
2.
3.
4.
5.

◆ 다음의 빈칸을 채워 매일 낭독할 선언문을 완성하라.

나는 (   )을 바란다. 그리고 그것을 실현하기 위해
(   )을 할 것이다.
다음의 전략을 따라 (   )년 (   )월 (   )일까지 해낼 것이다.

전략:

작성한 선언문을 하루 두 번, 잠자리에서 일어날 때와 잠들기 전에 큰소리로 읽어라. 읽으면서 마음속에 자신이 바라는 것을 손에 넣었을 때 어떠할지를 분명한 이미지로 그려 보라.

◆ 바라는 것을 얻기 위해 지금까지 무엇을 했는가?

- 어떤 고난에 처했는가? 혹은 무엇 때문에 좌절했는가? 거기에서 무엇을 배웠는가?

- 어떻게 계획을 더 잘 수정할 수 있을까?

목표 3을 어떻게 수행하고 있으며 앞으로의 계획은 무엇인가?

성공을 위한 마인드셋

> 시도하지 않으면 아무것도 손에 쥘 수 없다.
>
> \+
>
> 바쁜 사람에게는 실패를 걱정할 겨를이 없다.
>
> \+
>
> 자신감은 자기 확신에서 촉발되는 마음가짐이다.
>
> \+
>
> 부의 씨앗은 아이디어다.
>
> \+
>
> 더 결단력 있는 사람이 되려면, 눈과 귀는 열고 입은 닫아라.

Napoleon Hill
The Think and Grow Rich Journal

목표 × 04

년 월 일

내가 원하는 것은

◆ 바라는 것을 글로 적기(그림이나 도표로 그려도 무방)

- 목표를 달성하기 위해 기꺼이 할 수 있는 일 혹은 희생할 수 있는 일은 무엇인가?

- 이 목표는 언제까지 달성할 것인가? 구체적으로 적어라.

년   월   일

- 그 일을 실현하기 위한 계획은 무엇인가?

◆ 도움을 줄 수 있는 사람은 누구인가?

◆ 무엇이 필요한가?

◆ 어떤 단계를 취해야 하는가?

1.
2.
3.
4.
5.

◆ 다음의 빈칸을 채워 매일 낭독할 선언문을 완성하라.

> 나는 (　　　　　)을 바란다. 그리고 그것을 실현하기 위해
> (　　　.　　)을 할 것이다.
> 다음의 전략을 따라 (　　　)년 (　　)월 (　　)일까지 해낼 것이다.
>
> 전략:

작성한 선언문을 하루 두 번, 잠자리에서 일어날 때와 잠들기 전에 큰소리로 읽어라. 읽으면서 마음속에 자신이 바라는 것을 손에 넣었을 때 어떠할지를 분명한 이미지로 그려 보라.

◆ 바라는 것을 얻기 위해 지금까지 무엇을 했는가?

- 어떤 고난에 처했는가? 혹은 무엇 때문에 좌절했는가? 거기에서 무엇을 배웠는가?

- 어떻게 계획을 더 잘 수정할 수 있을까?

목표 4를 어떻게 수행하고 있으며 앞으로의 계획은 무엇인가?

성공을 위한 마인드셋

> 땅에서보다 우리 인간의 머리에서 더 많은 황금을 캘 수 있다.
>
> +
>
> 결단력 없이 우왕좌왕하는 마음은 아무짝에도 쓸모없다.
>
> +
>
> 확신, 그것만이 실패의 유일한 해독제다.
>
> +
>
> 아이디어는 그것을 떠올린 뇌보다 훨씬 더 강력한 힘을 지녔다.
>
> +
>
> 말보다는 행동.

Napoleon Hill
The Think and Grow Rich Journal

목표 × 05

년 월 일

내가 원하는 것은

◆ 바라는 것을 글로 적기(그림이나 도표로 그려도 무방)

◆ 목표를 달성하기 위해 기꺼이 할 수 있는 일 혹은 희생할 수 있는 일은 무엇인가?

◆ 이 목표는 언제까지 달성할 것인가? 구체적으로 적어라.

년   월   일

◆그 일을 실현하기 위한 계획은 무엇인가?

♦ 도움을 줄 수 있는 사람은 누구인가?

♦ 무엇이 필요한가?

♦ 어떤 단계를 취해야 하는가?

1.
2.
3.
4.
5.

◆ 다음의 빈칸을 채워 매일 낭독할 선언문을 완성하라.

나는 (　　　　　)을 바란다. 그리고 그것을 실현하기 위해
(　　　　　)을 할 것이다.
다음의 전략을 따라 (　　　)년 (　　)월 (　　)일까지 해낼 것이다.

전략:

작성한 선언문을 하루 두 번, 잠자리에서 일어날 때와 잠들기 전에 큰소리로 읽어라. 읽으면서 마음속에 자신이 바라는 것을 손에 넣었을 때 어떠할지를 분명한 이미지로 그려 보라.

◆ 바라는 것을 얻기 위해 지금까지 무엇을 했는가?

◆ 어떤 고난에 처했는가? 혹은 무엇 때문에 좌절했는가? 거기에서 무엇을 배웠는가?

◆ 어떻게 계획을 더 잘 수정할 수 있을까?

목표 5를 어떻게 수행하고 있으며 앞으로의 계획은 무엇인가?

성공을 위한 마인드셋

> 성공을 위해 필요한 건 오직 하나의 좋은 아이디어뿐이다.
>
> +
>
> 운명을 스스로 결정할 것인가, 다른 사람의 손에 맡길 것인가.
>
> +
>
> 우리는 스스로에게 반복해서 말한 것을 믿게 된다.
> 그것이 진실인지 아닌지는 상관없다.
>
> +
>
> 강력한 감정적 충동은 초인적인 용기와 창조성의 근원이다.
>
> +
>
> 실패에서 바로 한 걸음 앞, 거기에 성공이 있다.

Napoleon Hill
The Think and Grow Rich Journal

목표 × 06

년   월   일

내가 원하는 것은

◆ 바라는 것을 글로 적기(그림이나 도표로 그려도 무방)

◆ 목표를 달성하기 위해 기꺼이 할 수 있는 일 혹은 희생할 수 있는 일은 무엇인가?

◆ 이 목표는 언제까지 달성할 것인가? 구체적으로 적어라.

년   월   일

◆ 그 일을 실현하기 위한 계획은 무엇인가?

◆ 도움을 줄 수 있는 사람은 누구인가?

◆ 무엇이 필요한가?

◆ 어떤 단계를 취해야 하는가?

1.
2.
3.
4.
5.

◆ 다음의 빈칸을 채워 매일 낭독할 선언문을 완성하라.

> 나는 (　　　　　)을 바란다. 그리고 그것을 실현하기 위해
> (　　　　　)을 할 것이다.
> 다음의 전략을 따라 (　　　)년 (　　)월 (　　)일까지 해낼 것이다.
>
> 전략:

작성한 선언문을 하루 두 번, 잠자리에서 일어날 때와 잠들기 전에 큰소리로 읽어라. 읽으면서 마음속에 자신이 바라는 것을 손에 넣었을 때 어떠할지를 분명한 이미지로 그려 보라.

◆ 바라는 것을 얻기 위해 지금까지 무엇을 했는가?

◆ 어떤 고난에 처했는가? 혹은 무엇 때문에 좌절했는가? 거기에서 무엇을 배웠는가?

◆ 어떻게 계획을 더 잘 수정할 수 있을까?

목표 6을 어떻게 수행하고 있으며 앞으로의 계획은 무엇인가?

성공을 위한 마인드셋

❝

부는 마음가짐, 명확한 목표,
어렵지 않은 간단한 일에서부터 시작된다.

+

바라는 것을 이미 가지고 있다고 상상하라.
그러면 잠재의식이 그것을 얻을 계획을 떠올리게 해 줄 것이다.

+

자신감 부족, 그것이 가장 커다란 약점이다.

+

겸손과 침묵은 지혜의 신호다.

+

당신이 하려는 일을 세상에 말하라.
하지만 그전에 먼저 보여 줘라.

❞

Napoleon Hill
The Think and Grow Rich Journal

목표 × 07

년   월   일

내가 원하는 것은

_____

_____

_____

_____

_____

_____

◆ 바라는 것을 글로 적기(그림이나 도표로 그려도 무방)

◆ 목표를 달성하기 위해 기꺼이 할 수 있는 일 혹은 희생할 수 있는 일은 무엇인가?

◆ 이 목표는 언제까지 달성할 것인가? 구체적으로 적어라.

년   월   일

◆ 그 일을 실현하기 위한 계획은 무엇인가?

◆ 도움을 줄 수 있는 사람은 누구인가?

◆ 무엇이 필요한가?

◆ 어떤 단계를 취해야 하는가?

1.
2.
3.
4.
5.

◆ 다음의 빈칸을 채워 매일 낭독할 선언문을 완성하라.

나는 (　　　　　)을 바란다. 그리고 그것을 실현하기 위해
(　　　　　)을 할 것이다.
다음의 전략을 따라 (　　　)년 (　　)월 (　　)일까지 해낼 것이다.

전략:

작성한 선언문을 하루 두 번, 잠자리에서 일어날 때와 잠들기 전에 큰소리로 읽어라. 읽으면서 마음속에 자신이 바라는 것을 손에 넣었을 때 어떠할지를 분명한 이미지로 그려 보라.

◆ 바라는 것을 얻기 위해 지금까지 무엇을 했는가?

- 어떤 고난에 처했는가? 혹은 무엇 때문에 좌절했는가? 거기에서 무엇을 배웠는가?

- 어떻게 계획을 더 잘 수정할 수 있을까?

목표 7을 어떻게 수행하고 있으며 앞으로의 계획은 무엇인가?

성공을 위한 마인드셋

"

성공은 성공한 사람의 마음가짐을 지닌 사람에게로 간다.

+

계획을 세울 때 논리와 이성에만 의존하지 말라.
그보다는 훨씬 더 창조적인 잠재의식에 기대어 보라.

+

당신이 주로 하는 생각들이 당신의 현실이 된다.

+

사랑하는 사람을 기쁘게 해 주고자 하는 열망,
이것이 인간의 가장 큰 원동력이다.

+

결심의 가치는 그것을 실현하는 데 필요한 용기에 달려 있다.

"

Napoleon Hill
The Think and Grow Rich Journal

목표 × 08

년   월   일

내가 원하는 것은

◆ 바라는 것을 글로 적기(그림이나 도표로 그려도 무방)

◆ 목표를 달성하기 위해 기꺼이 할 수 있는 일 혹은 희생할 수 있는 일은 무엇인가?

◆ 이 목표는 언제까지 달성할 것인가? 구체적으로 적어라.

년   월   일

◆ 그 일을 실현하기 위한 계획은 무엇인가?

◆ 도움을 줄 수 있는 사람은 누구인가?

◆ 무엇이 필요한가?

◆ 어떤 단계를 취해야 하는가?

1.
2.
3.
4.
5.

◆ 다음의 빈칸을 채워 매일 낭독할 선언문을 완성하라.

나는 (   )을 바란다. 그리고 그것을 실현하기 위해
(   )을 할 것이다.
다음의 전략을 따라 (   )년 (   )월 (   )일까지 해낼 것이다.

전략:

작성한 선언문을 하루 두 번, 잠자리에서 일어날 때와 잠들기 전에 큰소리로 읽어라. 읽으면서 마음속에 자신이 바라는 것을 손에 넣었을 때 어떠할지를 분명한 이미지로 그려 보라.

◆ 바라는 것을 얻기 위해 지금까지 무엇을 했는가?

- 어떤 고난에 처했는가? 혹은 무엇 때문에 좌절했는가? 거기에서 무엇을 배웠는가?

- 어떻게 계획을 더 잘 수정할 수 있을까?

목표 8을 어떻게 수행하고 있으며
앞으로의 계획은 무엇인가?

성공을 위한 마인드셋

> 자기 마음을 지배하는 사람이 운명의 주인이 된다.
>
> +
>
> 멋진 계획이 성공을 보증한다.
>
> +
>
> 자신감이 한계를 지운다.
>
> +
>
> 고도로 자극된 정신이 분명한 목표 지점을 향해 나아갈 때,
> 천재성이 발휘된다.
>
> +
>
> 세상은 용감한 사람들의 자리를 마련해 두고 있다.

Napoleon Hill
The Think and Grow Rich Journal

목표 × 09

년   월   일

내가 원하는 것은

_____

_____

_____

_____

_____

_____

◆ 바라는 것을 글로 적기(그림이나 도표로 그려도 무방)

◆ 목표를 달성하기 위해 기꺼이 할 수 있는 일 혹은 희생할 수 있는 일은 무엇인가?

◆ 이 목표는 언제까지 달성할 것인가? 구체적으로 적어라.

년   월   일

◆ 그 일을 실현하기 위한 계획은 무엇인가?

◆ 도움을 줄 수 있는 사람은 누구인가?

◆ 무엇이 필요한가?

◆ 어떤 단계를 취해야 하는가?

1.
2.
3.
4.
5.

◆ 다음의 빈칸을 채워 매일 낭독할 선언문을 완성하라.

나는 (　　　　　)을 바란다. 그리고 그것을 실현하기 위해
(　　　　　)을 할 것이다.
다음의 전략을 따라 (　　　)년 (　　)월 (　　)일까지 해낼 것이다.

전략:

작성한 선언문을 하루 두 번, 잠자리에서 일어날 때와 잠들기 전에 큰소리로 읽어라. 읽으면서 마음속에 자신이 바라는 것을 손에 넣었을 때 어떠할지를 분명한 이미지로 그려 보라.

◆ 바라는 것을 얻기 위해 지금까지 무엇을 했는가?

- 어떤 고난에 처했는가? 혹은 무엇 때문에 좌절했는가? 거기에서 무엇을 배웠는가?

- 어떻게 계획을 더 잘 수정할 수 있을까?

목표 9를 어떻게 수행하고 있으며 앞으로의 계획은 무엇인가?

성공을 위한 마인드셋

> 부를 추구할 때와 가난하게 살 때 겪는 고난은 크게 다르지 않다.
>
> +
>
> 계획한 것보다 큰 것을 성취할 수는 없다.
>
> +
>
> 확신은 의심이라는 그림자를 제거하는 빛이다.
>
> +
>
> 잠재의식은 한계가 있는 우리의 정신을 무한 지성으로 연결한다.
>
> +
>
> 부는 부를 기대하고 계획하는 사람에게만 존재한다.

Napoleon Hill
The Think and Grow Rich Journal

목표 × 10

년   월   일

내가 원하는 것은

_____

_____

_____

_____

_____

_____

◆ 바라는 것을 글로 적기(그림이나 도표로 그려도 무방)

◆ 목표를 달성하기 위해 기꺼이 할 수 있는 일 혹은 희생할 수 있는 일은 무엇인가?

◆ 이 목표는 언제까지 달성할 것인가? 구체적으로 적어라.

년   월   일

◆그 일을 실현하기 위한 계획은 무엇인가?

◆ 도움을 줄 수 있는 사람은 누구인가?

◆ 무엇이 필요한가?

◆ 어떤 단계를 취해야 하는가?

1.
2.
3.
4.
5.

◆ 다음의 빈칸을 채워 매일 낭독할 선언문을 완성하라.

나는 (   )을 바란다. 그리고 그것을 실현하기 위해
(   )을 할 것이다.
다음의 전략을 따라 (   )년 (   )월 (   )일까지 해낼 것이다.

전략:

작성한 선언문을 하루 두 번, 잠자리에서 일어날 때와 잠들기 전에 큰소리로 읽어라. 읽으면서 마음속에 자신이 바라는 것을 손에 넣었을 때 어떠할지를 분명한 이미지로 그려 보라.

◆ 바라는 것을 얻기 위해 지금까지 무엇을 했는가?

- 어떤 고난에 처했는가? 혹은 무엇 때문에 좌절했는가? 거기에서 무엇을 배웠는가?

- 어떻게 계획을 더 잘 수정할 수 있을까?

목표 10을 어떻게 수행하고 있으며 앞으로의 계획은 무엇인가?

성공을 위한 마인드셋

> 한계란 나 자신이 받아들이는 한계일 뿐이다.
>
> +
>
> 패배는 계획 어딘가에 잘못이 있다는 신호일 뿐이다.
>
> +
>
> 환경이 당신을 다스리게 두지 말라.
> 자신이 환경을 만들어라.
>
> +
>
> 잠재의식에 어떤 생각을 심으면 그것이 결실이 되어 나타난다.
>
> +
>
> 끈기는 기를 수 있다.

Napoleon Hill
The Think and Grow Rich Journal

목표 × 11

년   월   일

내가 원하는 것은

◆ 바라는 것을 글로 적기(그림이나 도표로 그려도 무방)

◆ 목표를 달성하기 위해 기꺼이 할 수 있는 일 혹은 희생할 수 있는 일은 무엇인가?

◆ 이 목표는 언제까지 달성할 것인가? 구체적으로 적어라.

년   월   일

◆ 그 일을 실현하기 위한 계획은 무엇인가?

◆ 도움을 줄 수 있는 사람은 누구인가?

◆ 무엇이 필요한가?

◆ 어떤 단계를 취해야 하는가?

1.
2.
3.
4.
5.

◆ 다음의 빈칸을 채워 매일 낭독할 선언문을 완성하라.

나는 (   )을 바란다. 그리고 그것을 실현하기 위해
(   )을 할 것이다.
다음의 전략을 따라 (   )년 (   )월 (   )일까지 해낼 것이다.

전략:

작성한 선언문을 하루 두 번, 잠자리에서 일어날 때와 잠들기 전에 큰소리로 읽어라. 읽으면서 마음속에 자신이 바라는 것을 손에 넣었을 때 어떠할지를 분명한 이미지로 그려 보라.

◆ 바라는 것을 얻기 위해 지금까지 무엇을 했는가?

- 어떤 고난에 처했는가? 혹은 무엇 때문에 좌절했는가? 거기에서 무엇을 배웠는가?

- 어떻게 계획을 더 잘 수정할 수 있을까?

목표 11을 어떻게 수행하고 있으며 앞으로의 계획은 무엇인가?

성공을 위한 마인드셋

"

치료할 수 없는 유일한 결점은, 오직 야심이 없다는 것 하나뿐이다.

+

가난에는 계획이 필요치 않다.
부를 일구는 데에만 계획이 필요하다.

+

자기 암시는 생각을 잠재의식으로 이동시킨다.
그러면 즉시 그 일이 실현되기 시작한다.

+

잠재의식은 강렬한 감정이 수반된 열망에 우선 반응한다.

+

열망이 끈기와 결합하면 성공이 나타난다.

"

Napoleon Hill
The Think and Grow Rich Journal

목표 × 12

년   월   일

내가 원하는 것은

___

___

___

___

___

___

◆ **바라는 것을 글로 적기**(그림이나 도표로 그려도 무방)

◆ 목표를 달성하기 위해 기꺼이 할 수 있는 일 혹은 희생할 수 있는 일은 무엇인가?

◆ 이 목표는 언제까지 달성할 것인가? 구체적으로 적어라.

년   월   일

◆ 그 일을 실현하기 위한 계획은 무엇인가?

◆ 도움을 줄 수 있는 사람은 누구인가?

◆ 무엇이 필요한가?

◆ 어떤 단계를 취해야 하는가?

1.
2.
3.
4.
5.

◆ 다음의 빈칸을 채워 매일 낭독할 선언문을 완성하라.

> 나는 (　　　　　)을 바란다. 그리고 그것을 실현하기 위해
> (　　　　　)을 할 것이다.
> 다음의 전략을 따라 (　　　)년 (　　)월 (　　)일까지 해낼 것이다.
>
> 전략:

작성한 선언문을 하루 두 번, 잠자리에서 일어날 때와 잠들기 전에 큰소리로 읽어라. 읽으면서 마음속에 자신이 바라는 것을 손에 넣었을 때 어떠할지를 분명한 이미지로 그려 보라.

◆ 바라는 것을 얻기 위해 지금까지 무엇을 했는가?

- 어떤 고난에 처했는가? 혹은 무엇 때문에 좌절했는가? 거기에서 무엇을 배웠는가?

- 어떻게 계획을 더 잘 수정할 수 있을까?

목표 12를 어떻게 수행하고 있으며 앞으로의 계획은 무엇인가?

성공을 위한 마인드셋

"

일을 잘 해내는 건 결코 부담스러운 일이 아니다.

+

운이 들어올 때까지 기다리지 말라.
지금 손에 쥔 것을 가지고 시작하라.

+

자기 암시를 통해 의식적으로 잠재의식 속의
믿음을 변화시킬 수 있다.

+

잠재의식을 완전히 다스릴 수는 없다.
하지만 실행할 임무들을 잠재의식에 집어넣을 수는 있다.

+

잠시의 패배는 영원한 패배가 아니다.

"

Napoleon Hill
The Think and Grow Rich Journal

목표 × 13

년　월　일

내가 원하는 것은

_____

_____

_____

_____

_____

_____

◆ 바라는 것을 글로 적기(그림이나 도표로 그려도 무방)

◆ 목표를 달성하기 위해 기꺼이 할 수 있는 일 혹은 희생할 수 있는 일은 무엇인가?

◆ 이 목표는 언제까지 달성할 것인가? 구체적으로 적어라.

년   월   일

◆ 그 일을 실현하기 위한 계획은 무엇인가?

◆ 도움을 줄 수 있는 사람은 누구인가?

◆ 무엇이 필요한가?

◆ 어떤 단계를 취해야 하는가?

1.
2.
3.
4.
5.

◆ 다음의 빈칸을 채워 매일 낭독할 선언문을 완성하라.

나는 (　　　　　)을 바란다. 그리고 그것을 실현하기 위해
(　　　　　)을 할 것이다.
다음의 전략을 따라 (　　　)년 (　　)월 (　　)일까지 해낼 것이다.

전략:

작성한 선언문을 하루 두 번, 잠자리에서 일어날 때와 잠들기 전에 큰소리로 읽어라. 읽으면서 마음속에 자신이 바라는 것을 손에 넣었을 때 어떠할지를 분명한 이미지로 그려 보라.

◆ 바라는 것을 얻기 위해 지금까지 무엇을 했는가?

- 어떤 고난에 처했는가? 혹은 무엇 때문에 좌절했는가? 거기에서 무엇을 배웠는가?

- 어떻게 계획을 더 잘 수정할 수 있을까?

목표 13을 어떻게 수행하고 있으며 앞으로의 계획은 무엇인가?

성공을 위한 마인드셋

❝

밑바닥에서 시작하여 차근차근 위로 올라가려 하지 말라.
그보다 한두 계단 위에서 시작하라.

+

인간의 성취는 모두 생각에서 시작된다.

+

부정적인 생각이나 신념이
잠재의식으로 흘러들게 하지 말라.

+

잠재의식이라는 비옥한 토양에 어떤 생각을 심으려면,
열정이나 기대 같은 긍정적인 감정으로 동력을 공급하라.

+

그만둘 때까지는 절대 패배한 것이 아니다.

❞

Napoleon Hill
The Think and Grow Rich Journal

목표 × 14

년   월   일

내가 원하는 것은

_____

_____

_____

_____

_____

_____

- 바라는 것을 글로 적기(그림이나 도표로 그려도 무방)

◆ 목표를 달성하기 위해 기꺼이 할 수 있는 일 혹은 희생할 수 있는 일은 무엇인가?

◆ 이 목표는 언제까지 달성할 것인가? 구체적으로 적어라.

년   월   일

◆ 그 일을 실현하기 위한 계획은 무엇인가?

◆ 도움을 줄 수 있는 사람은 누구인가?

◆ 무엇이 필요한가?

◆ 어떤 단계를 취해야 하는가?

1.
2.
3.
4.
5.

◆ 다음의 빈칸을 채워 매일 낭독할 선언문을 완성하라.

나는 (   )을 바란다. 그리고 그것을 실현하기 위해
(   )을 할 것이다.
다음의 전략을 따라 (   )년 (   )월 (   )일까지 해낼 것이다.

전략:

작성한 선언문을 하루 두 번, 잠자리에서 일어날 때와 잠들기 전에 큰소리로 읽어라. 읽으면서 마음속에 자신이 바라는 것을 손에 넣었을 때 어떠할지를 분명한 이미지로 그려 보라.

◆ 바라는 것을 얻기 위해 지금까지 무엇을 했는가?

◆ 어떤 고난에 처했는가? 혹은 무엇 때문에 좌절했는가? 거기에서 무엇을 배웠는가?

◆ 어떻게 계획을 더 잘 수정할 수 있을까?

목표 14를 어떻게 수행하고 있으며 앞으로의 계획은 무엇인가?

성공을 위한 마인드셋

> 성공과 실패는 대개 습관의 결과다.
>
> +
>
> 바라는 것을 상상할 수 없다면, 그것을 손에 쥐고 싶은 게 아니다.
>
> +
>
> 잠재의식은 오직
> 강렬한 감정이 수반된 명료한 생각에만 반응한다.
>
> +
>
> 잠재의식의 언어로 말을 걸어야 한다.
> 그 언어란 바로 감정이다.
>
> +
>
> 실패의 주요 원인은 끈기 부족이다.

Napoleon Hill
The Think and Grow Rich Journal

목표 × 15

년 월 일

내가 원하는 것은

♦ 바라는 것을 글로 적기(그림이나 도표로 그려도 무방)

- 목표를 달성하기 위해 기꺼이 할 수 있는 일 혹은 희생할 수 있는 일은 무엇인가?

- 이 목표는 언제까지 달성할 것인가? 구체적으로 적어라.

    년   월   일

- 그 일을 실현하기 위한 계획은 무엇인가?

◆ 도움을 줄 수 있는 사람은 누구인가?

◆ 무엇이 필요한가?

◆ 어떤 단계를 취해야 하는가?

1.
2.
3.
4.
5.

◆ 다음의 빈칸을 채워 매일 낭독할 선언문을 완성하라.

나는 (   )을 바란다. 그리고 그것을 실현하기 위해
(   )을 할 것이다.
다음의 전략을 따라 (   )년 (   )월 (   )일까지 해낼 것이다.

전략:

작성한 선언문을 하루 두 번, 잠자리에서 일어날 때와 잠들기 전에 큰소리로 읽어라. 읽으면서 마음속에 자신이 바라는 것을 손에 넣었을 때 어떠할지를 분명한 이미지로 그려 보라.

◆ 바라는 것을 얻기 위해 지금까지 무엇을 했는가?

- 어떤 고난에 처했는가? 혹은 무엇 때문에 좌절했는가? 거기에서 무엇을 배웠는가?

- 어떻게 계획을 더 잘 수정할 수 있을까?

목표 15를 어떻게 수행하고 있으며 앞으로의 계획은 무엇인가?

성공을 위한 마인드셋

"

불리한 환경에 안주하지 않는 사람들과 가깝게 지내라.

+

어떤 사람이 되고 싶고, 어떻게 하고 싶다는 불타는 열망이
바라는 것을 손에 쥐는 시발점이다.

+

자기 암시는 당신에게 좋은 생각, 불리한 생각을 가리지 않는다.
어떤 생각에나 공평하게 작용한다.

+

의심은 우리가 잠재의식을 이용하지 못하게 한다.

+

끈기에 기름을 붓는 것, 그것은 강렬한 열망이다.

"

Napoleon Hill
The Think and Grow Rich Journal

목표 × 16

년 월 일

내가 원하는 것은

◆ 바라는 것을 글로 적기(그림이나 도표로 그려도 무방)

- 목표를 달성하기 위해 기꺼이 할 수 있는 일 혹은 희생할 수 있는 일은 무엇인가?

- 이 목표는 언제까지 달성할 것인가? 구체적으로 적어라.

년   월   일

- 그 일을 실현하기 위한 계획은 무엇인가?

◆ 도움을 줄 수 있는 사람은 누구인가?

◆ 무엇이 필요한가?

◆ 어떤 단계를 취해야 하는가?

1.
2.
3.
4.
5.

◆ 다음의 빈칸을 채워 매일 낭독할 선언문을 완성하라.

> 나는 (   )을 바란다. 그리고 그것을 실현하기 위해
> (   )을 할 것이다.
> 다음의 전략을 따라 (   )년 (   )월 (   )일까지 해낼 것이다.
>
> 전략:

작성한 선언문을 하루 두 번, 잠자리에서 일어날 때와 잠들기 전에 큰소리로 읽어라. 읽으면서 마음속에 자신이 바라는 것을 손에 넣었을 때 어떠할지를 분명한 이미지로 그려 보라.

◆ 바라는 것을 얻기 위해 지금까지 무엇을 했는가?

- 어떤 고난에 처했는가? 혹은 무엇 때문에 좌절했는가? 거기에서 무엇을 배웠는가?

- 어떻게 계획을 더 잘 수정할 수 있을까?

목표 16을 어떻게 수행하고 있으며 앞으로의 계획은 무엇인가?

성공을 위한 마인드셋

> 멋진 아이디어를 가지고 있는가?
> 그 가격은 당신이 정할 수 있다.
>
> +
>
> 열망과 확신이 합쳐지면 불가능은 없다.
>
> +
>
> 불타는 열망이 솟을 때까지 바라는 것에 집중하라.
>
> +
>
> 잠재의식은 고속도로의 합류 지점과 같다.
> 그것이 우리의 마음을 다른 사람들의 마음에,
> 무한 지성에 연결해 주기 때문이다.
>
> +
>
> 끈기는 실패에 대비한 보험이다.

Napoleon Hill
The Think and Grow Rich Journal

목표 × 17

년   월   일

내가 원하는 것은

◆ 바라는 것을 글로 적기(그림이나 도표로 그려도 무방)

◆ 목표를 달성하기 위해 기꺼이 할 수 있는 일 혹은 희생할 수 있는 일은 무엇인가?

◆ 이 목표는 언제까지 달성할 것인가? 구체적으로 적어라.

| 년 월 일 |

◆ 그 일을 실현하기 위한 계획은 무엇인가?

◆ 도움을 줄 수 있는 사람은 누구인가?

◆ 무엇이 필요한가?

◆ 어떤 단계를 취해야 하는가?

1.
2.
3.
4.
5.

- 다음의 빈칸을 채워 매일 낭독할 선언문을 완성하라.

    나는 (　　　　　)을 바란다. 그리고 그것을 실현하기 위해
    (　　　　　)을 할 것이다.
    다음의 전략을 따라 (　　　)년 (　　)월 (　　)일까지 해낼 것이다.

    전략:

작성한 선언문을 하루 두 번, 잠자리에서 일어날 때와 잠들기 전에 큰소리로 읽어라. 읽으면서 마음속에 자신이 바라는 것을 손에 넣었을 때 어떠할지를 분명한 이미지로 그려 보라.

- 바라는 것을 얻기 위해 지금까지 무엇을 했는가?

- 어떤 고난에 처했는가? 혹은 무엇 때문에 좌절했는가? 거기에서 무엇을 배웠는가?

- 어떻게 계획을 더 잘 수정할 수 있을까?

**목표 17을 어떻게 수행하고 있으며
앞으로의 계획은 무엇인가?**

성공을 위한 마인드셋

"

성공에는 설명이 필요 없다.
실패는 변명을 허용하지 않는다.

\+

모든 성과는 특정 대상에 대한 불타는 열망에서 나온다.

\+

자신이 얻게 될 것만이 아니라,
그에 따라 자신이 치를 대가도 머릿속에 그려라.

\+

믿음과 의심은 상호 배타적이다. 의심을 꺾어라.

\+

용기 있는 행동을 반복하다 보면 두려움이 치유된다.

"

Napoleon Hill
The Think and Grow Rich Journal

목표 × 18

년 월 일

내가 원하는 것은

_____

_____

_____

_____

_____

_____

◆ 바라는 것을 글로 적기(그림이나 도표로 그려도 무방)

◆ 목표를 달성하기 위해 기꺼이 할 수 있는 일 혹은 희생할 수 있는 일은 무엇인가?

◆ 이 목표는 언제까지 달성할 것인가? 구체적으로 적어라.

년   월   일

◆ 그 일을 실현하기 위한 계획은 무엇인가?

◆ 도움을 줄 수 있는 사람은 누구인가?

◆ 무엇이 필요한가?

◆ 어떤 단계를 취해야 하는가?

1.
2.
3.
4.
5.

◆ 다음의 빈칸을 채워 매일 낭독할 선언문을 완성하라.

나는 (   )을 바란다. 그리고 그것을 실현하기 위해
(   )을 할 것이다.
다음의 전략을 따라 (   )년 (   )월 (   )일까지 해낼 것이다.

전략:

작성한 선언문을 하루 두 번, 잠자리에서 일어날 때와 잠들기 전에 큰소리로 읽어라. 읽으면서 마음속에 자신이 바라는 것을 손에 넣었을 때 어떠할지를 분명한 이미지로 그려 보라.

◆ 바라는 것을 얻기 위해 지금까지 무엇을 했는가?

- 어떤 고난에 처했는가? 혹은 무엇 때문에 좌절했는가? 거기에서 무엇을 배웠는가?

- 어떻게 계획을 더 잘 수정할 수 있을까?

목표 18을 어떻게 수행하고 있으며
앞으로의 계획은 무엇인가?

성공을 위한 마인드셋

"

우주는 자신이 바라는 바를 정확히 알고,
그것을 얻기로 결심한 사람의 편이다.

+

아이디어가 중요하다.
아이디어를 실행하는 데 필요한 재료는 어렵지 않게 얻어낼 수 있다.

+

당신 인생의 주인은 당신이다.
자신의 잠재의식에 영향력을 발휘하는 사람이 바로 당신이기 때문이다.

+

사업을 운영하는 자본은 뇌의 힘과 결합되지 않는다면
모래성처럼 아무 쓸모가 없다.

+

성공에 대한 열망이 실패와 비판에 대한 두려움을 넘어설 때,
성공이 찾아온다.

"

Napoleon Hill
The Think and Grow Rich Journal

목표 × 19

년　월　일

내가 원하는 것은

_____

_____

_____

_____

_____

_____

_____

◆ 바라는 것을 글로 적기(그림이나 도표로 그려도 무방)

◆ 목표를 달성하기 위해 기꺼이 할 수 있는 일 혹은 희생할 수 있는 일은 무엇인가?

◆ 이 목표는 언제까지 달성할 것인가? 구체적으로 적어라.

년   월   일

◆ 그 일을 실현하기 위한 계획은 무엇인가?

◆ 도움을 줄 수 있는 사람은 누구인가?

◆ 무엇이 필요한가?

◆ 어떤 단계를 취해야 하는가?

1.
2.
3.
4.
5.

◆ 다음의 빈칸을 채워 매일 낭독할 선언문을 완성하라.

나는 (   )을 바란다. 그리고 그것을 실현하기 위해
(   )을 할 것이다.
다음의 전략을 따라 (   )년 (   )월 (   )일까지 해낼 것이다.

전략:

작성한 선언문을 하루 두 번, 잠자리에서 일어날 때와 잠들기 전에 큰소리로 읽어라. 읽으면서 마음속에 자신이 바라는 것을 손에 넣었을 때 어떠할지를 분명한 이미지로 그려 보라.

◆ 바라는 것을 얻기 위해 지금까지 무엇을 했는가?

- 어떤 고난에 처했는가? 혹은 무엇 때문에 좌절했는가? 거기에서 무엇을 배웠는가?

- 어떻게 계획을 더 잘 수정할 수 있을까?

목표 19를 어떻게 수행하고 있으며 앞으로의 계획은 무엇인가?

성공을 위한 마인드셋

"

부는 쉽게 나타난다. 부는 고생의 결과가 아니다.

+

패배를 받아들이지 않는 사람을 조력 집단에 넣어라.

+

팔방미인이란 대개 아무것도 잘하는 게 없는 이를 말한다.

+

생각은 초고주파수의 에너지다.

+

운을 기다리지 말라. 운을 만들어라.

"

Napoleon Hill
The Think and Grow Rich Journal

목표 × 20

년 월 일

내가 원하는 것은

_____

_____

_____

_____

_____

_____

◆ 바라는 것을 글로 적기(그림이나 도표로 그려도 무방)

◆ 목표를 달성하기 위해 기꺼이 할 수 있는 일 혹은 희생할 수 있는 일은 무엇인가?

◆ 이 목표는 언제까지 달성할 것인가? 구체적으로 적어라.

년   월   일

◆ 그 일을 실현하기 위한 계획은 무엇인가?

◆ 도움을 줄 수 있는 사람은 누구인가?

◆ 무엇이 필요한가?

◆ 어떤 단계를 취해야 하는가?

1.
2.
3.
4.
5.

◆ 다음의 빈칸을 채워 매일 낭독할 선언문을 완성하라.

나는 (   )을 바란다. 그리고 그것을 실현하기 위해
(   )을 할 것이다.
다음의 전략을 따라 (   )년 (   )월 (   )일까지 해낼 것이다.

전략:

작성한 선언문을 하루 두 번, 잠자리에서 일어날 때와 잠들기 전에 큰소리로 읽어라. 읽으면서 마음속에 자신이 바라는 것을 손에 넣었을 때 어떠할지를 분명한 이미지로 그려 보라.

◆ 바라는 것을 얻기 위해 지금까지 무엇을 했는가?

- 어떤 고난에 처했는가? 혹은 무엇 때문에 좌절했는가? 거기에서 무엇을 배웠는가?

- 어떻게 계획을 더 잘 수정할 수 있을까?

목표 20을 어떻게 수행하고 있으며 앞으로의 계획은 무엇인가?

성공을 위한 마인드셋

"

우리는 모두 보이지 않는 무형의 힘으로부터 영향과 영감을 받는다.

+

강압적인 리더십은 살아남을 수 없다.
동감의 리더십만이 살아남는다.

+

지식은 특정한 목표를 얻기 위해 조직되고 사용될 때에만 힘이 있다.

+

뇌는 생각의 주파수를 송출하고 수신하는 기지국이다.
잠재의식은 송출하고, 창조적인 상상력은 수신한다.

+

육감은 정신과 무한한 지성 간의 커뮤니케이션을 위한 통로다.

"

Napoleon Hill
The Think and Grow Rich Journal

목표 × 21

년   월   일

내가 원하는 것은

_____
_____
_____
_____
_____
_____
_____

◆ 바라는 것을 글로 적기(그림이나 도표로 그려도 무방)

◆ 목표를 달성하기 위해 기꺼이 할 수 있는 일 혹은 희생할 수 있는 일은 무엇인가?

◆ 이 목표는 언제까지 달성할 것인가? 구체적으로 적어라.

　　　　　　　　년　　월　　일

◆ 그 일을 실현하기 위한 계획은 무엇인가?

◆ 도움을 줄 수 있는 사람은 누구인가?

◆ 무엇이 필요한가?

◆ 어떤 단계를 취해야 하는가?

1.
2.
3.
4.
5.

◆ 다음의 빈칸을 채워 매일 낭독할 선언문을 완성하라.

나는 (　　　　　)을 바란다. 그리고 그것을 실현하기 위해
(　　　　　)을 할 것이다.
다음의 전략을 따라 (　　　)년 (　　)월 (　　)일까지 해낼 것이다.

전략:

작성한 선언문을 하루 두 번, 잠자리에서 일어날 때와 잠들기 전에 큰소리로 읽어라. 읽으면서 마음속에 자신이 바라는 것을 손에 넣었을 때 어떠할지를 분명한 이미지로 그려 보라.

◆ 바라는 것을 얻기 위해 지금까지 무엇을 했는가?

- 어떤 고난에 처했는가? 혹은 무엇 때문에 좌절했는가? 거기에서 무엇을 배웠는가?

- 어떻게 계획을 더 잘 수정할 수 있을까?

!

목표 21을 어떻게 수행하고 있으며 앞으로의 계획은 무엇인가?

성공을 위한 마인드셋

❝

거울을 들여다보라.
그 안에 당신의 최고의 친구 혹은 최악의 적이 있다.

\+

지식을 체계적으로 조직하고 영리하게 활용하는 능력은
성공의 필수 조건이다.

\+

전문 지식은 성공에 필수지만, 꼭 당신이 보유할 필요는 없다.
지식을 지닌 사람을 이용하면 된다.

\+

감정에 의해 증폭된 생각은 고주파수의 진동을 지니고 있어서,
한 사람의 머리에서 다른 사람의 머리로 전달될 수 있다.

\+

육감은 무의식적으로 위험은 비켜 가고,
기회가 있는 방향으로 나아간다.

❞

Napoleon Hill
The Think and Grow Rich Journal

목표 × 22

년   월   일

내가 원하는 것은

◆ 바라는 것을 글로 적기(그림이나 도표로 그려도 무방)

- 목표를 달성하기 위해 기꺼이 할 수 있는 일 혹은 희생할 수 있는 일은 무엇인가?

- 이 목표는 언제까지 달성할 것인가? 구체적으로 적어라.

  년   월   일 .

- 그 일을 실현하기 위한 계획은 무엇인가?

◆ 도움을 줄 수 있는 사람은 누구인가?

◆ 무엇이 필요한가?

◆ 어떤 단계를 취해야 하는가?

1.
2.
3.
4.
5.

◆ 다음의 빈칸을 채워 매일 낭독할 선언문을 완성하라.

나는 (　　　　　)을 바란다. 그리고 그것을 실현하기 위해
(　　　　　)을 할 것이다.
다음의 전략을 따라 (　　　)년 (　　)월 (　　)일까지 해낼 것이다.

전략:

작성한 선언문을 하루 두 번, 잠자리에서 일어날 때와 잠들기 전에 큰소리로 읽어라. 읽으면서 마음속에 자신이 바라는 것을 손에 넣었을 때 어떠할지를 분명한 이미지로 그려 보라.

◆ 바라는 것을 얻기 위해 지금까지 무엇을 했는가?

◆ 어떤 고난에 처했는가? 혹은 무엇 때문에 좌절했는가? 거기에서 무엇을 배웠는가?

◆ 어떻게 계획을 더 잘 수정할 수 있을까?

**목표 22를 어떻게 수행하고 있으며
앞으로의 계획은 무엇인가?**

성공을 위한 마인드셋

> 수입은 당신이 세상에 제공하는 가치에 비례한다.
>
> +
>
> 조력 집단의 원칙을 활용하면, 적절한 재능을 지닌 소수의 사람들로도
> 빠른 시간에 성공적으로 사업을 일굴 수 있다.
>
> +
>
> 지식은 필요에 따라 조직하고 활용할 때 힘이 생긴다.
>
> +
>
> 잠재의식과 상상력을 통해 우리는 이따금
> 기적과 같은 일을 경험하게 된다.
>
> +
>
> 예기치 않게 불쑥 튀어나오는 어떤 아이디어나 해결책은
> 육감에서 나온다.

Napoleon Hill
The Think and Grow Rich Journal

목표 × 23

년   월   일

내가 원하는 것은

_____

_____

_____

_____

_____

_____

_____

◆ 바라는 것을 글로 적기(그림이나 도표로 그려도 무방)

◆ 목표를 달성하기 위해 기꺼이 할 수 있는 일 혹은 희생할 수 있는 일은 무엇인가?

◆ 이 목표는 언제까지 달성할 것인가? 구체적으로 적어라.

년   월   일

◆ 그 일을 실현하기 위한 계획은 무엇인가?

◆ 도움을 줄 수 있는 사람은 누구인가?

◆ 무엇이 필요한가?

◆ 어떤 단계를 취해야 하는가?

1.
2.
3.
4.
5.

◆ 다음의 빈칸을 채워 매일 낭독할 선언문을 완성하라.

나는 (　　　　　)을 바란다. 그리고 그것을 실현하기 위해
(　　　　　)을 할 것이다.
다음의 전략을 따라 (　　　)년 (　　)월 (　　)일까지 해낼 것이다.

전략:

작성한 선언문을 하루 두 번, 잠자리에서 일어날 때와 잠들기 전에 큰소리로 읽어라. 읽으면서 마음속에 자신이 바라는 것을 손에 넣었을 때 어떠할지를 분명한 이미지로 그려 보라.

◆ 바라는 것을 얻기 위해 지금까지 무엇을 했는가?

◆ 어떤 고난에 처했는가? 혹은 무엇 때문에 좌절했는가? 거기에서 무엇을 배웠는가?

◆ 어떻게 계획을 더 잘 수정할 수 있을까?

목표 23을 어떻게 수행하고 있으며 앞으로의 계획은 무엇인가?

성공을 위한 마인드셋

> 부는 부를 끌어당길 준비가 된 사람에게로 끌려간다.
> 물이 대양으로 흘러들 듯이.
>
> +
>
> 두 사람이 머리를 모으면
> 두 사람의 합보다 더욱 창조적이고 강력한 힘을 발휘한다.
>
> +
>
> 지식은 오직 당신이 바라는 것을 얻는 데 활용될 때에만 가치가 있다.
>
> +
>
> 실패는 성공의 씨앗이다.
>
> +
>
> 당신의 가치는 당신의 지식에 있지 않다.
> 그 지식으로 당신이 무엇을 하느냐에 달려 있다.

Napoleon Hill
The Think and Grow Rich Journal

목표 × 24

년   월   일

내가 원하는 것은

_____

_____

_____

_____

_____

_____

◆ 바라는 것을 글로 적기(그림이나 도표로 그려도 무방)

◆ 목표를 달성하기 위해 기꺼이 할 수 있는 일 혹은 희생할 수 있는 일은 무엇인가?

◆ 이 목표는 언제까지 달성할 것인가? 구체적으로 적어라.

년   월   일

◆ 그 일을 실현하기 위한 계획은 무엇인가?

◆ 도움을 줄 수 있는 사람은 누구인가?

◆ 무엇이 필요한가?

◆ 어떤 단계를 취해야 하는가?

1.
2.
3.
4.
5.

◆ 다음의 빈칸을 채워 매일 낭독할 선언문을 완성하라.

나는 (   )을 바란다. 그리고 그것을 실현하기 위해
(   )을 할 것이다.
다음의 전략을 따라 (   )년 (   )월 (   )일까지 해낼 것이다.

전략:

작성한 선언문을 하루 두 번, 잠자리에서 일어날 때와 잠들기 전에 큰소리로 읽어라. 읽으면서 마음속에 자신이 바라는 것을 손에 넣었을 때 어떠할지를 분명한 이미지로 그려 보라.

◆ 바라는 것을 얻기 위해 지금까지 무엇을 했는가?

- 어떤 고난에 처했는가? 혹은 무엇 때문에 좌절했는가? 거기에서 무엇을 배웠는가?

- 어떻게 계획을 더 잘 수정할 수 있을까?

**목표 24를 어떻게 수행하고 있으며
앞으로의 계획은 무엇인가?**

성공을 위한 마인드셋

"

어두운 생각을 하면, 의식에 부를 집어넣을 수가 없다.

+

조화로운 정신은 강력하고 창조적인 힘을 만들어 낸다.

+

성공은 끊임없는 지식 추구의 여정이다.

+

긍정적인 사고는 고통을 자산으로 바꾸어 줄 수 있다.

+

강렬한 감정이 생산적인 노력으로 전환되지 않는다면,
그 결과는 별 가치 없을 것이다.

"

Napoleon Hill
The Think and Grow Rich Journal

목표 × 25

년   월   일

내가 원하는 것은

_____
_____
_____
_____
_____
_____
_____

◆ 바라는 것을 글로 적기(그림이나 도표로 그려도 무방)

◆ 목표를 달성하기 위해 기꺼이 할 수 있는 일 혹은 희생할 수 있는 일은 무엇인가?

◆ 이 목표는 언제까지 달성할 것인가? 구체적으로 적어라.

년   월   일

◆그 일을 실현하기 위한 계획은 무엇인가?

◆ 도움을 줄 수 있는 사람은 누구인가?

◆ 무엇이 필요한가?

◆ 어떤 단계를 취해야 하는가?

1.
2.
3.
4.
5.

◆ 다음의 빈칸을 채워 매일 낭독할 선언문을 완성하라.

나는 (　　　　　)을 바란다. 그리고 그것을 실현하기 위해
(　　　　　)을 할 것이다.
다음의 전략을 따라 (　　　)년 (　　)월 (　　)일까지 해낼 것이다.

전략:

작성한 선언문을 하루 두 번, 잠자리에서 일어날 때와 잠들기 전에 큰소리로 읽어라. 읽으면서 마음속에 자신이 바라는 것을 손에 넣었을 때 어떠할지를 분명한 이미지로 그려 보라.

◆ 바라는 것을 얻기 위해 지금까지 무엇을 했는가?

- 어떤 고난에 처했는가? 혹은 무엇 때문에 좌절했는가? 거기에서 무엇을 배웠는가?

- 어떻게 계획을 더 잘 수정할 수 있을까?

목표 25를 어떻게 수행하고 있으며 앞으로의 계획은 무엇인가?

성공을 위한 마인드셋

> 부는 소망만으로 이룰 수 없다.
>
> +
>
> 관리자처럼 생각하라.
> 당신이 바라는 것을 얻기 위해 지식과 자원을 체계적으로 조직하라.
>
> +
>
> 모든 아이디어의 이면에는 전문 지식이 자리한다.
>
> +
>
> 이기든 지든 물러설 곳은 없다.
>
> +
>
> 우리가 깨어 있든 잠을 자든
> 잠재의식은 언제나 바쁘게 활동한다.

5

실패와 약점을 극복하기 위한 체크리스트

6가지 두려움의 유령

두려움은 강력한 동기 부여 요인이 될 수 있다. 위협을 받았을 때 우리에게 싸울 것인지 물러날 것인지 행동을 촉구하기 때문이다. 하지만 두려움은 결단을 내리지 못하게 방해하여 우리가 길 위에 얼어붙게 만들 수도 있다. 더 나쁜 일은, 어떤 두려움의 경우 자기 충족적인 예언을 하게 함으로써 우리를 실패하는 운명으로 떨어뜨릴 수 있다. 다시 말해 어떤 일이 일어날까 두려워하면, 그 이유로 바로 그 일이 일어난다는 말이다. 이를테면 사랑하는 사람에게 버림받을까 봐 무척이나 두려워한다면, 그 불안은 사랑하는 사람이 당신에게서 떠나고 싶게 만들 것이다.

불안은 부정적인 생각을 잠재의식에 심을 수 있는 강력한 감정이며, 잠재의식은 들려오는 말이 무엇이든 받아들인다. 실패를 두려워하면 실패를 상상하게 되고, 그 상상이 잠재의식에 각인된다. 마찬가지로 비관주의·좌절·손실을 두려워하면 그것이 잠재의식으로 전달되고, 그 즉시 우리 삶에 그러한 부정적인 일들을 끌어들이기 시작할 것이다.

실체가 없는 6가지 두려움의 유령은 아래와 같다.

1. 가난에 대한 두려움
2. 비판에 대한 두려움
3. 질병에 대한 두려움
4. 사랑하는 사람을 잃을지 모른다는 두려움
5. 노년에 대한 두려움
6. 죽음에 대한 두려움

좋은 리더가 필수로 갖춰야 할 11가지 자질

일반적으로 사람들은 리더 혹은 추종자, 두 가지 유형 중 한 가지 유형이 된다. 어느 한쪽이 다른 한쪽보다 우월하거나 못한 것은 아니다. 하지만 일반적으로 리더가 더 부유해지는데, 리더들은 열망하는 결과를 내기 위해 지식과 자원을 조직하고 지시하기 때문이다. 여러분이 리더의 자리에 오르고 싶다면 다음에 제시하는 좋은 리더의 11가지 자질을 배양하라.

1. 끝까지 밀어붙이는 용기
2. 자기 통제
3. 정의감
4. 결단력
5. 계획을 세우는 기술
6. 급여가 적어도 성실히 일하는 습관
7. 유쾌한 성격
8. 연민과 이해심
9. 세부 사항들에 주의 기울이기
10. 온전히 책임지려는 태도
11. 협력적인 태도

실패하는 리더의 주요 원인 10가지

당신이 리더의 역할을 한다면, 다음에 제시하는 실패하는 리더의 주요 원인 10가지를 범하지 않도록 조심하라.

1. 세부적인 일들에는 신경 쓰지 않는다.
2. 겸손하게 다른 사람들을 위해 일하는 것을 좋아하지 않는다.
3. 지식을 토대로 한 일이 아니라, 지식 자체에 대한 대가를 받기를 기대한다.
4. 따르는 사람들을 경쟁자로 여기고 두려워한다.
5. 상상력이 부족하다.
6. 자기중심적이다.
7. 자제력이 부족하다.
8. 불성실하다.
9. 합의가 아니라 힘으로 리드하려 한다.
10. 자질보다 지위를 강조한다.

실패의 주요 원인 30가지

인생의 가장 큰 비극은 자신이 바라는 것을 얻을 시도조차 하지 못하는 것이다. 전체 약 98%의 사람들이 그런 비극을 겪는다. 대부분의 경우 실패는 다음의 원인들로 초래된다.

1. 태생적인 지능 부족
2. 인생의 목적을 정의 내리지 못한 상태
3. 평범하게 살지 않겠다는 야심 부족
4. 교육 부족
5. 자제력 부족
6. 취약한 건강 상태
7. 좋지 못한 성장 환경
8. 미루는 습관
9. 끈기 부족
10. 부정적인 성격
11. 감정 통제력 부족
12. 공짜를 바라는 마음
13. 우유부단함
14. 두려움

15. 잘못된 배우자 선택

16. 지나친 조심성

17. 잘못된 동업자 선택

18. 미신적인 사고와 편견

19. 잘못된 직업 선택

20. 집중적인 노력 부족

21. 무절제한 소비 습관

22. 열정 부족

23. 인내심 부족

24. 무절제

25. 협동심 부족

26. 동료와 함께 얻어낸 성과를 독차지

27. 의도적으로 속이는 습관

28. 자만심과 허영심

29. 고민 없이 추측하는 태도

30. 자본 부족

자기 분석을 위한 28가지 질문

1. 올해 세운 목표를 달성했는가? 어떤 목표였는지 기록하고 달성 여부를 체크하라.
□ 달성 / □ 미달성

_____
_____
_____
_____
_____

2. 가능한 한 최고의 질적 직무 능력을 제공했는가?
□ 그렇다 / □ 아니다

3. 가능한 한 최고의 양적 직무 능력을 제공했는가?
□ 그렇다 / □ 아니다

4. 항상 유쾌한 태도를 견지하고 협조적으로 임했는가?
□ 그렇다 / □ 아니다

5. 미루다가 더 많이 일하지 못했는가?

☐ 그렇다 / ☐ 아니다

6. 성격을 보완했는가? 그렇다면, 어떤 면을 보완했는가?

☐ 그렇다 / ☐ 아니다

_____

_____

_____

_____

_____

7. 계획을 끈기 있게 완수했는가?

☐ 그렇다 / ☐ 아니다

8. 결단력 있게 행동했는가?

☐ 그렇다 / ☐ 아니다

9. 두려움으로 주춤거린 적이 있는가?

☐ 그렇다 / ☐ 아니다

10. 조심성이 지나쳤던 적이 있는가?
□ 그렇다 / □ 아니다

11. 동업자와 조화로운 관계를 맺었는가?
□ 그렇다 / □ 아니다

12. 노력을 한 곳에 집중하지 못해서 에너지를 낭비하지는 않았는가?
□ 그렇다 / □ 아니다

13. 열린 자세와 관용적인 태도를 지녔는가?
□ 그렇다 / □ 아니다

14. 어떤 방식으로 자신의 직무 능력을 증진시킬 것인가?

_____

_____

_____

_____

_____

15. 무절제한 생활 습관이 있는가?
□ 그렇다 / □ 아니다

16. 공공연하게 혹은 비밀리에 (어떤 형태로든) 자만심이 표출된 적 있는가?
□ 그렇다 / □ 아니다

17. 내가 수행한 일이 동료들의 존경을 받았는가?
□ 그렇다 / □ 아니다

18. 의견을 내세우거나 결단을 내릴 때 추측에 근거하여 했는가, 아니면 적확한 분석과 고민 끝에 했는가?

_____
_____
_____
_____

19. 시간, 비용, 수입을 계획적으로 운용하는가? 이런 계획을 보수적으로 세우는가?
□ 그렇다 / □ 아니다

20. 지난달에 쓸모없는 노력을 하느라 낭비한 시간은 얼마인가?
(   )일 (   )시간

21. 효율성과 능률을 올리려면 어떻게 시간 계획을 조정하고 습관을 바꿔야 할까?

_____
_____
_____
_____
_____

22. 내가 주도한 일 중 자랑스럽지 못하고 마음에 걸리는 일이 있는가? 있다면, 어떤 일인지 써 보라.
☐ 그렇다 / ☐ 아니다

_____
_____
_____
_____
_____

23. 내가 받은 급여 이상으로 성과를 내려면 어떤 부분에서 가능할까?

_____
_____
_____
_____
_____

24. 누군가에게 불공정하게 대한 일이 있는가? 있다면, 어떤 일이었는가?
□ 그렇다 / □ 아니다

_____
_____
_____
_____
_____

25. 한 해 동안 내가 나의 상사였다고 가정해 보라. 그러면 내가 지불한 금액만큼의 성과를 냈는가?
□ 그렇다 / □ 아니다

26. 올바른 직업을 선택했는가? 그렇지 않다면, 이유는 무엇인가?

☐ 그렇다 / ☐ 아니다

_____

_____

_____

_____

27. 내가 나의 상사라면, 내가 낸 성과가 만족스러울까? 그렇지 않다면, 이유는 무엇인가?

☐ 그렇다 / ☐ 아니다

_____

_____

_____

28. 지금까지 성공 법칙 13가지를 잘 수행했는가? 1점에서 5점까지 점수로 스스로 평가해 보라.

☐ 1 / ☐ 2 / ☐ 3 / ☐ 4 / ☐ 5

※ 2점 이하의 점수가 나올 경우 앞으로 돌아가 자신의 약점 중 무엇을 보완해야 좋을지 점검하라.

기록하면 이루어진다

초판 1쇄 2022년 2월 28일
　　 2쇄 2022년 6월 28일

지은이 | 나폴레온 힐
옮긴이 | 이한이

대표이사 겸 발행인 | 박장희
제작 총괄 | 이정아
편집장 | 조한별
책임 편집 | 허진
마케팅 | 김주희 김다은

디자인 | 김윤남

발행처 | 중앙일보에스(주)
주소 | (04513) 서울시 중구 서소문로 100
등록 | 2008년 1월 25일 제2014-000178호
문의 | jbooks@joongang.co.kr
홈페이지 | jbooks.joins.com
네이버 포스트 | post.naver.com/joongangbooks
인스타그램 | @j__books

ISBN 978-89-278-1287-6 03190

- 이 책은 저작권법에 따라 보호받는 저작물이므로 무단 전재와 무단 복제를 금하며 책 내용의 전부 또는 일부를 이용하려면 반드시 저작권자와 중앙일보에스(주)의 서면 동의를 받아야 합니다.
- 책값은 뒤표지에 있습니다.
- 잘못된 책은 구입처에서 바꿔 드립니다.

중앙북스는 중앙일보에스(주)의 단행본 출판 브랜드입니다.

나폴레온 힐이 소개하는
기록으로 꿈을 이루는 10단계

1. 바라는 것을 분명하게 이미지화하라.
2. 그것을 손에 넣기 위해 할 일을 결정하라.
3. 바라는 것을 손에 넣을 명확한 날짜를 정하라.
4. 그 일을 실현할 계획을 세우고 실행으로 옮겨라.
5. 바라는 대상과 계획에 대한 간결한 선언문을 작성하라.
6. 하루 두 번 선언문을 큰소리로 읽어라.
7. 계획을 실천하기 시작하라.
8. 무엇을 배웠는지 기록하라.
9. 계획을 적절히 보정하라.
10. 목표를 이룰 때까지 6단계에서 9단계까지 반복하라.

중앙books 삶의 지혜를 만드는 지식in
중앙북스는 중앙일보와 JTBC가 속한 국내 최대 미디어네트워크
중앙그룹의 계열사 중앙일보에스의 단행본 출판 브랜드입니다.

> 상상을 현실로 만드는 기적의 기록
> "이 책에 쓰는 만큼 이루어질 것이다"

이 책은 당신이 지닌 가장 깊은 열망과 가장 큰 포부를 기록하는 일지다. 나폴레온 힐의 질문에 답을 하다 보면, 자신에 대해 더 많은 것을 알게 되고, 바라는 것을 얻어 내는 기술을 계발하게 될 것이다. 그리고 마침내 성공을 위한 비밀의 열쇠를 쥘 수 있게 될 것이다.

전 세계 수천만 명의 사람들이 나폴레온 힐이 제시한 이 '마법의 기록 공식'을 통해 건강, 재산, 행복, 자아 실현감 등을 손에 넣었다. 이제 당신이 기적을 경험할 차례다. 성공을 향해 떠난 당신의 여정이 어떤 모습으로 흘러가는지 나폴레온 힐의 가이드에 따라 일지에 기록하라. 제대로 기록하면 애쓰지 않아도 성공이 찾아온다. 이 책의 작가는 바로 당신이다.

ISBN 978-89-278-1287-6 (03190)

값 16,800원